MINISTÈRE DE L'INTÉRIEUR ET DES CULTES

LÉGISLATION

SUR

LES ALIÉNÉS

ET

LES ENFANTS ASSISTÉS

Tome I. — ALIÉNÉS

RECUEIL DES LOIS, DÉCRETS ET CIRCULAIRES MINISTÉRIELLES

(1790-1879)

PARIS

LIBRAIRIE ADMINISTRATIVE DE BERGER-LEVRAULT ET Cie

5, RUE DES BEAUX-ARTS, 5

1880

LÉGISLATION

SUR

LES ALIÉNÉS

ET

LES ENFANTS ASSISTÉS

NANCY. — IMPRIMERIE BERGER-LEVRAULT ET Cie.

MINISTÈRE DE L'INTÉRIEUR ET DES CULTES

LÉGISLATION

SUR

LES ALIÉNÉS

ET

LES ENFANTS ASSISTÉS

Tome I. — ALIÉNÉS

RECUEIL DES LOIS, DÉCRETS ET CIRCULAIRES MINISTÉRIELLES

(1790-1879)

PARIS

LIBRAIRIE ADMINISTRATIVE DE BERGER-LEVRAULT ET Cie

5, RUE DES BEAUX-ARTS, 5

1880

LÉGISLATION

SUR

LES ALIÉNÉS

RECUEIL DES LOIS

DÉCRETS ET CIRCULAIRES MINISTÉRIELLES

1790-1879

Loi des 16-26 mars 1790. — *Séquestration des aliénés.*

ART. 9. — Les personnes détenues pour cause de démence seront, pendant l'espace de trois mois, à compter du jour de la publication du présent décret, à la diligence de nos procureurs, interrogées par les juges dans les formes usitées, et, en vertu de leurs ordonnances, visitées par les médecins qui, sous la surveillance des directoires de district, s'expliqueront sur la véritable situation des malades, afin que, d'après la sentence qui aura statué sur leur état, ils soient élargis ou soignés dans les hôpitaux qui seront indiqués à cet effet.

Loi des 16-24 août 1790. (Titre XI, art. 3,) — *Surveillance des insensés.*

L'article 3 du titre XI de la loi des 16-24 août 1790 confie à la vigilance et à l'autorité des corps municipaux... 6° le soin d'obvier ou de remédier aux événements fâcheux qui pourraient être occasionnés par les insensés ou les furieux laissés en liberté, et par la divagation des animaux malfaisants et féroces.

Loi des 19-22 juillet 1791. (Titre Ier, art. 15.) — *Défense de laisser errer les insensés.*

L'article 15 du titre Ier de la loi des 19-22 juillet 1791 déclare passibles de peines de police correctionnelle ceux qui laisseront divaguer des insensés ou furieux, ou des animaux malfaisants ou féroces.

Loi du 24 vendémiaire an II. (Titre III, art. 7.) — *Entretien des aliénés.*

Ceux actuellement enfermés pour cause de démence, et qui sont aux frais de la nation, seront transférés dans les nouvelles maisons de répression et continueront d'être à la charge publique. Il sera libre aux parents de réclamer ceux qui sont à leurs frais ou de les laisser dans les maisons de répression, en continuant de payer leur pension suivant le nouveau prix qui sera fixé par le directoire du département, d'après la valeur actuelle des denrées.

---

17 septembre 1804. — Circulaire du Ministre de l'intérieur *sur la réclusion des insensés.*

J'ai remarqué dans les comptes analytiques des préfets, que plusieurs ont fait, de leur propre autorité, arrêter des insensés, pour être, sur leur ordre, enfermés dans des maisons de force.

Je crois devoir, pour prévenir cet abus, vous rappeler les principes et les règles de cette matière.

Suivant la loi du 22 juillet 1791, conforme à ce sujet aux anciens règlements, les parents des insensés doivent veiller sur eux, les empêcher de divaguer, et prendre garde qu'ils ne commettent aucun désordre. L'autorité municipale, suivant la même loi, doit obvier aux inconvénients qui résulteraient de la négligence avec laquelle les particuliers rempliraient ce devoir.

Les furieux doivent être mis en lieu de sûreté.

Mais ils ne peuvent être détenus qu'en vertu d'un jugement que la famille doit provoquer.

Le Code civil indique, avec beaucoup de détails, la manière dont on doit procéder à l'interdiction des individus tombés dans un état de démence ou de fureur. C'est aux tribunaux seuls qu'il confie le soin de constater cet état.

Les lois qui ont déterminé les conséquences de cette triste infirmité, ont pris soin qu'on ne pût arbitrairement supposer qu'un individu en est atteint; elles ont voulu que sa situation fût établie par des preuves positives, avec des formes précises et rigoureuses.

En substituant à ces procédés réguliers une décision arbitraire de l'administration, on porte atteinte à la liberté personnelle et aux droits civils de l'individu que l'on fait détenir; on donne lieu à des tiers intéressés de soutenir, les uns, que les actes faits par un homme ainsi détenu sont nuls, parce qu'il est dans un état de démence constatée; les autres, que de tels actes sont valides, parce qu'il n'y a de démence reconnue que celle qui a été régulièrement constatée.

L'administration n'est pas plus fondée à remettre en liberté et en possession de leur état, des individus détenus comme insensés par ordre de justice; d'abord, parce qu'il ne lui appartient point de suspendre l'effet des décisions judiciaires, et, de plus, parce que l'état civil des individus n'est, ni mis à sa disposition, ni placé sous sa surveillance.

Je vous invite à vous conformer à ces principes. Vous devez veiller avec soin à ce que les autorités qui vous sont subordonnées né s'en écartent jamais.

---

18 août 1813. — Circulaire du Ministre de l'intérieur
sur les insensés.

La correspondance administrative a donné lieu de remarquer qu'il n'existait point d'uniformité dans le mode de pourvoir à la dépense des insensés, que la sûreté publique oblige de séquestrer de la société, et dont les familles sont reconnues hors d'état d'acquitter la pension.

Dans quelques départements, elle est considérée comme charge départementale, et acquittée par les préfets, sur les fonds affectés aux dépenses variables, notamment sur leurs fonds de dépenses imprévues, et plus souvent encore sur les fonds qui leur sont alloués pour le service des prisons et des maisons de réclusion.

Ailleurs, elle est regardée comme une charge des communes où les insensés ont acquis le domicile de secours voulu par la loi du 24 vendémiaire an II (15 octobre 1793).

Dans quelques lieux aussi, les hôpitaux sont appelés à concourir à cette dépense, ou sur leurs revenus généraux, ou sur ceux des fondations qui ont pour objet le service particulier des insensés.

Il est enfin des communes où il existe des établissements spécialement et uniquement destinés à la réception des insensés, mais dont les revenus sont insuffisants pour mettre ces établissements en état de remplir complétement l'objet de leur institution.

Il résulte de cet état de choses, des entraves pour l'ordre de la comptabilité, des incertitudes sur les sommes qu'il s'agit d'allouer dans les budgets et des obstacles continuels à l'admission ou au séjour dans des établissements publics, des insensés qu'il importe cependant de tenir séquestrés de la société.

Pour obvier à ces inconvénients, un décret du 5 mars 1813 a ordonné ce qui suit :

Art. 2. Le ministre de l'intérieur nous rendra compte, dans le cours de l'année 1813, sur la proposition du directeur général de la comptabilité des communes et des hospices, des moyens de pourvoir, à compter de l'an 1814, au traitement et à la dépense des indigents attaqués de folie dans les divers départements.

Je vous invite à me faire connaître, par un travail raisonné, la situation de votre département, sous le rapport du nombre des insensés, du mode actuel de pourvoir à la dépense de ceux dont les familles sont hors d'état d'acquitter les pensions, des sommes auxquelles on peut arbitrer cette dépense, des revenus qui s'y trouvent maintenant affectés, des fonds qui seraient à faire annuellement pour ce service, des caisses qu'il convient d'y faire concourir, des règles suivies pour faire séquestrer de la société ceux qu'on ne peut y conserver sans danger ; des établissements où ils sont admis, de ceux qui leur sont spécialement destinés, des revenus des dotations affectées à cette dépense, des pensionnats tenus par des particuliers pour les insensés, des rétributions qu'ils exigent, de la surveillance exercée sur ces maisons, des abus qu'elles présentent, de l'avantage qu'il y aurait de les remplacer par des établissements publics de bienfaisance; des moyens d'améliorer ceux qui existent dans votre département, et qui, par leur salubrité, l'abondance des eaux dont ils jouissent, l'étendue de leurs bâtiments, de leurs cours, de leurs promenoirs et de leurs jardins, pourraient être rendus communs à plusieurs départements; du taux auquel il conviendrait de fixer le prix de journée ou les pensions à payer aux administrations charitables de ces établissements; des dépenses à faire pour en augmenter les bâtiments ou en accroître le mobilier.

Vous entrerez aussi dans des détails circonstanciés sur les soins et les traitements curatifs qu'on administre aux aliénés, dans les établissements où ils sont admis, et sur les diverses améliorations à introduire dans cette branche intéressante de l'administration des secours publics.

Je dois vous faire remarquer que l'idiotisme et l'imbécillité sont souvent confondus avec l'état de démence et de folie. Vous préviendrez cette erreur dans le travail que vous m'adresserez, et vous distinguerez, avec soin, les fous proprement dits et qui, par le genre et la nature de leur démence, sont dans le cas d'être soumis à des traitements particuliers, des idiots et des imbéciles qui n'exigent aucune espèce de traitement.

Je joins à cette lettre un modèle de l'état dont vous avez à me faire l'envoi, à l'appui de votre travail. Ce modèle est double : s'il existe, dans votre département, des établissements publics ou privés où l'on soit dans l'usage d'entretenir des insensés, vous vous conformerez, pour les renseignements que vous avez à m'envoyer, au modèle n° 1. Si, au contraire, les insensés de votre département sont entretenus dans des établissements publics ou privés d'un autre département, vous aurez alors à faire usage du modèle n° 2.

Les colonnes de ces tableaux ne me paraissent point avoir besoin d'explication, mais, afin que les renseignements à fournir reposent sur des bases certaines, vous suivrez, pour le nombre des individus, pour le prix des journées, et pour l'indication des caisses publiques qui doivent concourir à la dépense, les états qui ont dû être dressés, en 1810, de la population et de la dépense des insensés. On aura soin, après avoir inscrit les individus de chaque sexe, de totaliser les différentes colonnes.

Une colonne est destinée à faire connaître le prix moyen des pensions à la charge des familles; il doit exister à cet égard des règles fixes pour chaque maison ou pensionnat.

Le prix de journée des indigents insensés ne peut être le même pour les aliénés et les idiots; les premiers, par le traitement et les soins particuliers qu'exigent leurs maladies, doivent entraîner à des dépenses plus élevées que celles des idiots; au surplus, vous établirez les prix de journée sur les dépenses de 1810, ces prix seraient exagérés si l'on prenait pour bases les dépenses de 1811 et 1812.

A l'égard des dépenses présumées, elles doivent être établies, tant pour celles qui sont acquittées par les familles, que pour les indigents, d'après le nombre des individus, le prix moyen des pensions et le prix de journée.

En ce qui concerne les moyens de pourvoir aux dépenses à la charge des caisses publiques, il importe de se conformer au mode d'après lequel on a pourvu à l'acquittement des dépenses de l'exercice de 1810, et d'indiquer les différentes caisses qui ont concouru ou qui doivent concourir à l'entier acquittement de ces dépenses; ainsi, le total des sept colonnes indicatives de ces caisses devra être égal aux sommes portées dans la colonne intitulée : *Dépenses présumées acquittées par les caisses publiques du département.*

Veuillez m'informer des mesures que vous aurez prises pour vous conformer, en tout point, aux dispositions de la présente.

---

9 novembre 1815. — Circulaire du Ministre de l'intérieur
sur les dépenses des aliénés.

Depuis plusieurs années, le nombre des insensés, conduits des différents départements dans les hospices de Paris, s'est considérablement accru, et il en est résulté, pour ces établissements, une charge énorme et qui s'aggrave tous les jours.

En 1813, l'un de mes prédécesseurs s'est occupé de rassembler les matériaux d'un travail général sur les moyens de pourvoir au traitement des individus attaqués de folie, dans les départements ; mais, en attendant que des circonstances plus favorables permettent de soumettre au Gouvernement des mesures générales sur cette matière, j'ai jugé qu'il n'était pas juste que les frais de traitement et d'entretien des insensés étrangers au département de la Seine restassent à la charge des hospices de Paris, et je crois devoir vous donner connaissance de la décision que j'ai prise pour remédier au préjudice qu'un tel état de choses portait à ces établissements.

J'ai d'abord admis, en principe, que les aliénés étrangers au département de la Seine, qui seront, à l'avenir, ou qui ont déjà été amenés par leurs familles ou envoyés par les préfets à Paris, ne seront ou ne continueront à être entretenus dans les hospices de Bicêtre et de la Salpêtrière qu'au moyen du payement d'un prix de journée d'un franc vingt-cinq centimes.

J'ai décidé ensuite que les pensions résultant du prix de

journée fixé par l'article 1er de la décision seront à la charge des familles des aliénés, à moins que celles-ci ne se trouvent dans l'impossibilité reconnue d'y pourvoir; et il est bien entendu ici que si l'aliéné a des biens qui lui soient propres, c'est sur ces biens que la pension nécessaire pour son entretien doit être acquittée.

C'est aux préfets que j'ai laissé le soin de juger, d'après les renseignements qu'ils peuvent avoir par eux-mêmes et ceux qu'ils peuvent se procurer auprès des autorités locales, quelles sont les familles qui sont en état de payer la pension des aliénés qui leur appartiennent.

Si vous reconnaissez que la famille d'un aliéné de votre département, admis ou à admettre dans les hospices de Paris, se trouve dans l'impossibilité absolue de pourvoir au payement de sa pension, cette pension, ainsi que le porte l'article 3 de ma décision, devra être mise à la charge de la commune à laquelle l'insensé appartient, dans le cas où la commune présenterait des ressources suffisantes; et, dans le cas contraire, imputée, avec mon autorisation, sur les fonds du département.

Je vous recommande de seconder de tout votre pouvoir les réclamations que l'administration des hospices de Paris aurait à faire, dans votre département, pour le recouvrement des pensions des aliénés reçus dans ces établissements.

---

27 juillet 1818. — Circulaire du Sous-secrétaire d'État de l'intérieur *sur les frais de transport et de traitement des aliénés.*

Diverses circulaires vous ont successivement autorisé à faire acquitter directement, sur les fonds départementaux, différentes dépenses dont le payement était auparavant subordonné à l'approbation préalable du ministre.

Pour continuer à réduire autant que possible votre correspondance, le ministre vient de décider que vous pourrez, à compter de la présente année, acquitter, sans recourir à mon autorisation soit sur le fonds des dépenses imprévues, soit sur les fonds spéciaux qui seraient compris au budget de votre département pour les insensés :

1° Les frais de transport des aliénés;

2° Les frais de traitement, dans les hospices, des aliénés dont la pension ne peut être supportée, ni par leurs familles, ni par les communes auxquelles ils appartiennent.

Vous aurez soin seulement de régler ces dépenses avec toute l'économie désirable ; d'en rendre compte, chaque année, au conseil général de votre département, et de ne point dépasser, dans les payements que vous autoriserez, le montant des crédits qui vous seront ouverts pour cette sorte de dépense.

---

16 juillet 1819. — Circulaire du Ministre de l'intérieur *sur l'amélioration du sort des aliénés.*

La situation des aliénés en France m'a paru mériter toute l'attention du Gouvernement.

J'ai chargé, il y a plusieurs mois, une commission spéciale d'examiner quels seraient les meilleurs moyens d'améliorer le sort de ces infortunés, qui, privés de la raison, ne sont qu'un plus digne objet de la sollicitude de l'administration.

La commission que j'ai nommée n'a pas encore terminé son travail, mais elle a unanimement reconnu que la situation des aliénés ne pourra recevoir les améliorations désirables qu'autant qu'ils seront placés dans des établissements qui leur soient exclusivement consacrés.

Quelques établissements de ce genre existent déjà en France, et, malgré leurs imperfections, ce sont ceux où les insensés sont le mieux soignés, le mieux traités : ce sont, pour ainsi dire, les seuls, car on peut comprendre au nombre de ces établissements les quartiers des aliénés des hospices de Bicêtre et de la Salpêtrière, qui forment presque des hospices distincts ; ce sont, pour ainsi dire, les seuls qui offrent quelques chances de guérison aux malheureux qu'ils reçoivent.

Des logements salubres et aérés, des divisions et des subdivisions nombreuses, de vastes promenoirs, un grand isolement, des soins constants et assidus, voilà les conditions premières qu'exige le traitement des aliénés ; voilà les conditions qu'il sera presque impossible de leur assurer dans les établissements qui reçoivent d'autres classes d'individus, et qu'ils ne trouveront que dans des hospices spéciaux. On pourrait, sans doute, assainir et améliorer les quartiers que les aliénés occupent aujourd'hui dans des hospices de malades, dans des dépôts de mendicité, dans des maisons de force ; mais la situation et la distribution de ces quartiers resteraient presque toujours peu favorables à la classification des insensés, et ces infortunés n'y seraient toujours l'objet que d'une attention fort secondaire.

Si l'on admet la nécessité de placer les aliénés dans des établissements spéciaux, on reconnaîtra facilement qu'il est presque impossible d'avoir un établissement de ce genre par département, que leur multiplicité les rendrait beaucoup plus dispendieux et moins propres à atteindre le but de leur destination; et de là découle la conséquence que des maisons centrales communes à plusieurs départements seraient, sous beaucoup de rapports, les établissements qui conviendraient le mieux pour la réunion et le traitement des aliénés.

Plusieurs conseils généraux, frappés de l'état déplorable où se trouvent les aliénés dans leurs départements, ont, dans la dernière session, voté des fonds pour améliorer cette situation : mais, limités par la modicité des ressources dont ils pouvaient disposer, ils ont la plupart proposé d'appliquer les sommes qu'ils votaient à assainir ou augmenter les quartiers occupés par les aliénés dans les hospices ou les dépôts de mendicité.

Vous sentirez facilement que ces dépenses partielles n'amélioreraient que faiblement la situation des aliénés, et qu'elles seraient en pure perte si le Gouvernement se détermine à créer pour les insensés des maisons centrales. Aussi ai-je invité les préfets des départements dans lesquels des fonds avaient été votés pour des constructions ou réparations relatives aux aliénés, à suspendre l'emploi de ces fonds.

Dans cet état de choses, il me paraîtrait à désirer que les conseils généraux consentissent à ce que les fonds qu'ils ont votés l'année dernière pour l'amélioration du sort des aliénés, et qui n'ont point été employés, et les fonds qu'ils pourraient voter cette année pour la même destination, soit sur les centimes affectés aux dépenses variables, soit sur les centimes facultatifs, fussent affectés à concourir aux frais de l'établissement de maisons centrales d'aliénés. Dans le cas où la création de ces maisons serait arrêtée en principe, j'examinerais si dans le prochain budget je pourrais demander des fonds pour leur établissement sur les crédits généraux du ministère de l'intérieur, ou si je pourrais disposer pour cette destination de quelques ressources sur le produit des centimes affectés aux dépenses fixes et communes des départements; mais la création des maisons d'aliénés ne pourrait marcher avec quelque activité qu'autant que les départements y concourraient avec leurs propres ressources, et les fonds qu'ils auraient affectés à agrandir ou améliorer les mauvais établissements qui existent, seraient sans doute beaucoup plus utilement employés en aidant à former des établissements nouveaux, qui réuniraient, pour le traitement des aliénés, tous les avantages que réclament l'humanité et la science médicale.

Je vous prie de présenter ces considérations au conseil général de votre département, à sa prochaine session, avec tous les développements dont vous les jugerez susceptibles, et de l'engager à les peser avec attention.

Toutefois, en admettant que l'on doive décidément créer des maisons centrales d'aliénés, en admettant que les fonds que le Gouvernement pourra affecter à cet objet, et ceux que voteront les conseils généraux des départements, permettent de s'occuper prochainement de leur établissement, il s'écoulera nécessairement de longs délais avant que ces maisons soient formées et soient en état de recevoir les aliénés de tout le royaume.

Et si, comme je le disais plus haut, on doit éviter de faire, dans les établissements d'aliénés qui existent aujourd'hui et qui ne seraient pas conservés dans le plan que je viens d'indiquer, des dépenses considérables qui seraient en pure perte, il est des améliorations que l'on peut apporter, à peu de frais, dans la situation et le régime des aliénés. Loin d'ajourner ces améliorations, on ne saurait trop se hâter de les introduire, autant que possible, dans les établissements existants, et je m'empresse de les indiquer à votre sollicitude.

1° Il est des départements où les aliénés sont disséminés dans plusieurs hospices, et même dans des prisons.

S'il est possible de les réunir, à peu de frais, dans un même établissement, ils y seront mieux, et leur traitement pourra y être plus facilement surveillé.

2° Dans plusieurs établissements, les cellules ou loges destinées aux furieux sont petites, humides et mal aérées. Les loges souterraines doivent être entièrement abandonnées. Lorsque le sol des cellules est au-dessous du niveau des terrains environnants, on peut, à peu de frais, l'exhausser et le faire garnir de dalles et de planches pour que les aliénés n'aient jamais les pieds sur la terre nue et souvent humide.

3° Les portes des loges n'ont quelquefois que quatre à cinq pieds de hauteur, et, dans quelques endroits, les cellules n'ont d'autre ouverture que la porte. Si la chose est possible, il faut donner aux portes plus d'ouverture et pratiquer dans les loges une fenêtre placée en face de la porte; elle rendrait le renouvellement de l'air plus facile.

On ne doit pas négliger, si on le peut, de rendre la cour dont les aliénés jouissent, un peu plus grande en supprimant le mur de clôture qui sépare quelquefois leur promenoir d'une autre cour ou jardin.

4° Les aliénés, même les plus furieux, ne doivent jamais être laissés couchés sur la terre ou sur le pavé; il faut leur procurer de fortes couchettes scellées dans le mur.

L'état déplorable de quelques-uns d'entre eux peut ne pas permettre de garnir leurs lits comme ceux des autres malades, mais il faut, au moins, renouveler la paille qui doit leur être donnée aussi souvent qu'elle est salie.

On diminuerait peut-être la dépense des administrations charitables, en autorisant, en invitant même les parents qui sont en état de le faire, à fournir aux aliénés le lit, les fournitures de lit et les vêtements dont ils ont besoin.

5° La distribution des aliments doit être renouvelée plusieurs fois le jour : il est à désirer qu'on donne aux aliénés le régime des hôpitaux ou des infirmeries. La distribution des aliments doit être réglée, chaque jour, d'après les cahiers de visite des médecins. Si l'on ne peut pratiquer une fontaine à portée des aliénés, il faut que l'infirmier chargé de les soigner ait toujours à sa disposition une tisane commune, pour qu'elle puisse, en tout temps, étancher leur soif.

6° On attribue généralement au défaut d'un nombre suffisant de serviteurs une partie des maux dont gémissent les aliénés. Il doit ordinairement y avoir au moins un serviteur pour quinze malades. Dans le quartier des furieux, quelque peu considérable qu'il soit, il faut au moins deux serviteurs. Ils doivent être vêtus décemment et n'être jamais armés de bâtons, de nerfs de bœuf, de trousseaux de clefs, ni accompagnés de chiens. Ils doivent être surveillés sévèrement par le médecin et par les administrateurs de l'établissement.

7° S'il est des établissements d'aliénés auxquels ne soit point attaché un médecin chargé de visiter ces malheureux au moins une fois par jour, on ne saurait trop se hâter d'en nommer un. Le médecin chargé du service des aliénés doit les visiter, non-seulement lorsqu'ils sont atteints de maladies accidentelles et graves, mais aussi dans la vue de traiter leur maladie mentale. Le médecin fera la visite tous les matins, assisté d'un élève qui tiendra le cahier et qui écrira les prescriptions alimentaires et pharmaceutiques. Cet élève, résidant dans l'établissement, surveillera les distributions des aliments, des médicaments, et la conduite des serviteurs. Le médecin éclairera l'administration sur toutes les améliorations locales qui pourront être faites, sans excéder les ressources de l'établissement, et il serait bon de l'investir d'une grande autorité pour tout ce qui est relatif au service et au bien-être des malheureux confiés à ses soins. J'aime à croire que, dans beaucoup de départements, il se trouvera des médecins instruits qui brigueront de remplir gratuitement ces honorables fonctions.

8° L'exemple des hospices de Paris, où plus de deux mille aliénés sont contenus sans fers et sans qu'on exerce envers eux de mauvais traitements, doit faire abandonner partout ces moyens de répression. Partout la camisole ou gilet de force doit être substituée aux chaînes, aux colliers, dont on pourrait encore faire usage dans quelques établissements. La crainte d'une augmentation de dépense doit céder à l'idée d'avilir des malheureux avec des chaînes qui les irritent, les humilient et leur fournissent des moyens de destruction ou d'évasion.

C'est au médecin seul à prescrire la réclusion, l'usage du gilet de force, et à autoriser la visite des parents. Nul ne doit pénétrer dans le quartier des aliénés, s'il n'est conduit par le médecin, ou s'il n'a une permission de lui ou de l'autorité supérieure.

9° Enfin il convient que les administrateurs des établissements où sont placés les aliénés, se concertent pour que l'un d'eux visite au moins une fois par semaine le quartier des insensés, et se fasse rendre compte de tous les détails relatifs à leur service.

---

14 septembre 1833. — Circulaire du Ministre de l'intérieur *sur une statistique relative aux aliénés.*

Monsieur le Préfet, je viens appeler votre attention sur une branche de l'administration dont l'importance n'est pas assez généralement appréciée, quoiqu'elle concerne une partie intéressante de la population, et que la négligence dans laquelle elle languit, dans quelques départements, soit un motif de désordre dont la répression devient aussi pénible que difficile. Je veux parler des aliénés non secourus, ou mal secourus, ou en état de vagabondage.

Il importe qu'une statistique exacte soit établie, et qu'elle me donne des renseignements positifs sur le nombre de ces infortunés, sur les secours qui leur sont accordés, et sur les moyens d'en assurer de plus complets à l'avenir.

Pour atteindre ce but, je vous prie de répondre, le plus promptement possible, aux questions ci-jointes.

Questions relatives aux aliénés.

1° Existe-t-il, dans le département, des établissements spéciaux pour les aliénés ?

Combien de loges contiennent-ils ?

2° Existe-t-il des établissements non spéciaux, mais recevant des aliénés ?

Combien de loges ?

3° Les aliénés sont-ils traités dans des établissements placés hors du département ?

Quels sont ces établissements ?

4° Sont-ils traités aux frais des familles ?

Aux frais des communes ?

Aux frais des départements ?

Aux frais des uns et des autres ?

5° Quel est le prix des pensions payées à l'extérieur du département ?

6° S'il y a dans le département des établissements (spéciaux ou non), combien y payent les particuliers ?

Combien paye le département ?

7° Existe-t-il, dans le département, des établissements spéciaux fondés par des particuliers ou par des corporations religieuses, qui reçoivent des aliénés ?

Combien de loges contiennent-ils ?

Quel y est le taux de la pension ?

8° Quel est le nombre actuel des aliénés traités : 1° dans les établissements publics; 2° dans les établissements particuliers, aux frais des communes ou du département, ou aux frais des particuliers ? (Distinguer les sexes, les âges et les professions.)

9° Quelles sont (autant qu'il est possible de le savoir) les causes principales de l'aliénation; et quel est le nombre des individus qu'elles atteignent, proportionnellement avec le nombre total ?

10° Comment sont administrés les établissements spéciaux et les établissements particuliers ?

11° Quelles sommes sont votées annuellement par les conseils généraux pour les aliénés ?

12° Quel est le nombre présumé des aliénés non secourus et en état de vagabondage, ou retenus dans des prisons ?

13° Quels seraient les moyens de faire traiter tous les aliénés indigents du département, dans des établissements, soit particuliers, soit mixtes, soit spéciaux ?

14° A combien s'élèveraient approximativement les dépenses dans chacun de ces cas ?

15° Comment pourrait-on espérer de réunir les fonds nécessaires ?

---

29 juin 1835. — Circulaire du Ministre de l'intérieur *sur les frais de traitement et d'entretien des insensés indigents.*

La correspondance m'apprend que la sûreté publique est souvent compromise par des insensés en état de liberté. Des meurtres et des incendies ont été commis par eux, et tout semble annoncer que les désordres et les accidents graves dont ils sont la cause deviennent chaque jour plus fréquents.

De son côté, le ministre de la justice a fait la même observation, et il réclame aujourd'hui, avec de vives instances, le concours de l'autorité administrative pour l'exécution des lois sur les insensés dangereux. Il est en effet indispensable que l'administration s'occupe sérieusement des moyens de régler cette branche importante du service public, en ce qui concerne les insensés indigents.

Vous savez comme moi que les embarras de l'administration proviennent, dans la plupart des localités, principalement depuis quelques années, d'une cause unique, du défaut de ressources assurées et suffisantes; et ces embarras, chaque jour plus nombreux, et qui expliquent le grand nombre d'accidents dont on se plaint, ne peuvent plus désormais être levés que par la loi. Aussi avais-je le projet de soumettre aux Chambres, à l'occasion du budget de 1836, la question de la dépense des insensés indigents; mais, après un nouvel examen, j'ai pensé qu'il serait utile qu'elle fût préalablement éclairée par les délibérations des conseils généraux, aujourd'hui surtout que cette dépense semble venir se classer nécessairement dans le budget variable. Pour les mettre à même de délibérer en parfaite connaissance de cause, je dois rappeler ici quelques faits et quelques circonstances qui ne sont pas sans importance pour la solution légale de la question qui nous occupe.

En 1813, aucune disposition, même administrative, n'avait encore réglé le mode de pourvoir à la dépense des insensés indigents. Dans quelques départements, elle était réputée charge départementale, et acquittée à ce titre sur les fonds du budget variable; ailleurs, elle était considérée comme une charge des communes où les insensés avaient acquis le domicile de secours voulu par la loi du 24 vendémiaire an II. Dans quelques localités aussi, les hospices étaient appelés à concourir à cette dépense sur leurs revenus généraux, à défaut de fondations ayant pour objet le service particulier des insensés. (*Instructions du* 18 *août* 1813.)

Pour faire cesser un état de choses aussi incertain, un décret du 5 mars 1813 prescrivit au ministre de l'intérieur « de rendre « compte, dans le cours de l'année 1813, des moyens de pour- « voir, à compter de l'an 1814, au traitement et à la dépense « des indigents attaqués de folie dans les divers départements. »

Des matériaux pour la rédaction du travail général demandé par ce décret furent réunis au ministère; mais il n'en fut fait aucun usage, et les choses restèrent dans le même état jusqu'en 1815.

A cette époque, et par un arrêté du 6 novembre inséré au *Recueil des Circulaires*, le ministre de l'intérieur, voulant dégrever les hospices de Paris de la dépense considérable d'un grand nombre d'individus atteints de folie, que les départements y avaient envoyés, décida que, lorsque la famille serait hors d'état d'y pourvoir, leur pension dans les hospices de Bicêtre ou de la Salpêtrière serait payée par les communes auxquelles les insensés appartenaient, si elles avaient des ressources suffisantes, et, dans le cas contraire, sur les fonds du département. Quoique cet arrêté eût été pris dans un cas spécial, il servit longtemps de règle, et il fut admis, sans de graves contestations, dans la plupart des départements, que c'était d'abord la commune où l'insensé indigent avait acquis le domicile de secours qui devait subvenir à son entretien, dans le lieu de sa séquestration, et que le département n'était tenu de cette dépense que lorsque la commune ne pouvait pas y pourvoir sur ses ressources ordinaires. Mais, depuis quelque temps, un grand nombre de communes ont refusé de voter les fonds pour cet objet, et il est aisé de prévoir que cette résistance sera bientôt générale.

Plusieurs circonstances ont effectivement concouru à leur donner gain de cause contre l'autorité évidemment insuffisante de l'arrêté ministériel du 6 novembre 1815.

Dans le projet de loi sur les attributions municipales qui fut présenté en 1832, le Gouvernement avait inscrit l'entretien des insensés indigents au nombre des dépenses municipales obligatoires ; mais la Chambre des députés rejeta cette proposition, et rangea la dépense dont il s'agit au nombre de celles qu'elle déclara facultatives. En conséquence, elle ne fut pas reproduite, comme obligatoire, dans le projet de 1833, qui ne put recevoir que la sanction de la Chambre élective, et elle n'a pas non plus été classée au nombre des charges communales dans le projet de loi sur les attributions et les dépenses municipales qui a été adopté cette année par la Chambre des pairs. Les discussions et les délibérations des deux Chambres ont dû naturellement donner l'éveil aux corps municipaux et les confirmer dans l'opinion que, en l'absence d'une disposition précise de la loi, l'autorité administrative n'avait pu imposer aux communes la charge des indigents en état de démence.

La même opinion a été récemment émise par le comité de l'intérieur au Conseil d'État. Dans un avis du 10 octobre 1834, ce comité a reconnu : 1° que les communes ne sont obligées, par aucune loi, à supporter la dépense des insensés indigents ; 2° que si les lois des 24 août 1790 et 22 juillet 1791 ont imposé à l'autorité municipale des mesures d'ordre et de police à l'égard des individus atteints de folie, elles n'ont grevé les communes d'aucune charge pécuniaire pour leur traitement ; 3° que conséquemment la dépense des insensés indigents ne peut être mise d'office à leur charge.

En présence des faits que je viens de rappeler et de l'avis du comité de l'intérieur, il ne m'a pas été possible d'approuver et de rendre exécutoires les arrêtés pris dans plusieurs départements pour astreindre des communes au payement de la pension d'insensés appartenant à des familles pauvres, quoique ces arrêtés soient motivés sur des dispositions législatives et sur des instructions ministérielles.

Le concours des hospices a également manqué presque partout à l'administration départementale. On avait pensé que, par cela même que le traitement des insensés est un acte d'humanité, de charité, c'était un devoir pour les hospices, institués pour exercer la charité publique, de les recevoir gratuitement, lorsque, à défaut de dotation ayant spécialement cette destination, ces établissements pouvaient pourvoir à leur traitement sans négliger le soulagement des autres malades ou infirmes; et c'est sur ce motif que mon prédécesseur s'était fondé pour approuver un arrêté du 8 septembre 1831, par lequel le préfet de l'Aube avait mis à la charge de l'hospice de Bar-sur-Aube la dépense d'une femme de cette ville interdite pour cause de fureur. Mais, sur le pourvoi de la commission administrative, une ordonnance du 17 mai 1834, rendue sur le rapport du comité de législation et de justice administrative, a annulé la décision attaquée, par le motif « qu'aucune loi n'autorisait à charger l'hospice de Bar-sur-Aube « des frais de traitement et d'entretien de la demoiselle Si- « monnot ».

Ainsi il a été jugé que, dans l'état de la législation, les hospices ne peuvent être tenus de la dépense des insensés indigents, et nous venons de voir qu'il n'est plus permis de l'imposer d'office aux communes. C'est qu'en effet il est possible de soutenir que, d'après notre législation civile et criminelle, il s'agit ici d'une dépense d'intérêt public qui devrait conséquemment trouver sa place dans le budget de l'État, dont le budget départemental n'est qu'une fraction.

Aux termes de l'article 489 du Code civil : « Le majeur qui « est dans un état d'imbécillité, de démence ou de fureur doit

« être interdit, même lorsque cet état présente des intervalles « lucides. »

L'article 491 du même Code porte que « dans le cas de fureur, « si l'interdiction n'est provoquée ni par l'époux ni par les pa- « rents, elle doit l'être par le procureur du roi, qui, dans les « cas d'imbécillité ou de démence, peut aussi la provoquer « contre un individu qui n'a ni époux, ni épouse, ni parents « connus ».

Le décret du 18 juin 1811 assimile aux frais de justice criminelle, dont l'avance doit être faite par l'État, les dépenses qui résultent « des procédures d'office pour l'interdiction ». (*Art.* 2 *n°* 14, *art.* 117 *et suivants.*)

Ainsi l'interdiction de tout insensé est ordonnée par la loi civile, dans un intérêt d'ordre public.

Le Code pénal punit des peines de police « ceux qui auront « laissé divaguer des fous ou des furieux étant sous leur garde » (*art.* 475, *n°* 7). Ces peines sont une amende de 6 à 10 francs pour une première infraction (*même art.*) et un emprisonnement qui peut être de cinq jours, en cas de récidive (*art.* 478.)

Ainsi la séquestration des insensés est prescrite dans un intérêt de sûreté publique, et une sanction pénale est attachée à cette prescription de la loi.

En appréciant le caractère de la dépense des insensés indigents au double point de vue que je viens d'indiquer, on cesse donc d'y voir une charge d'intérêt purement local et devant, à ce titre, être supportée par la commune. La séquestration de ces infortunés étant prescrite dans un intérêt d'ordre général et de sûreté publique, on peut dire que c'est à la société, ou bien à l'État, qui la représente ici, d'y pourvoir ; et dès lors elle vient se placer au budget variable, au même titre, pour ainsi dire, que le service des prisons.

C'est aussi dans les maisons d'arrêt que sont ordinairement

déposés les insensés sans ressources, pendant l'instance en interdiction. Mais, on ne saurait en disconvenir, l'impossibilité de faire mieux ou autrement peut seule faire excuser cette mesure, que désavouent nos lois et l'humanité, lorsque surtout il n'est pas possible d'isoler entièrement les insensés et de leur donner les secours et les soins qu'exige leur état; car, légalement, les prisons ne peuvent recevoir que des prévenus, des accusés et des condamnés. L'un de vos premiers soins devra donc être de proposer au conseil général les moyens d'avoir un lieu de dépôt et de séquestration près de chaque tribunal de première instance, pour y placer les individus des deux sexes dont l'interdiction sera provoquée par le ministère public, et même par les familles, lorsque celles-ci seront évidemment dans l'indigence.

Toutes les fois que l'hospice ou tout autre établissement de bienfaisance de la ville offrira, pour cet objet, des localités suffisantes et convenablement distribuées, c'est là que devra être placé de préférence le lieu de séquestration : ne recourez aux localités de la maison d'arrêt qu'à défaut de tout autre moyen, et qu'après avoir pris les dispositions nécessaires pour qu'il n'existe aucune relation entre les insensés et les individus placés sous le coup de poursuites ou de peines judiciaires.

L'interdit, lorsqu'il est sans moyens personnels d'existence, ou lorsqu'il appartient à une famille indigente, est mis par le jugement d'interdiction à la disposition de l'autorité administrative, qui se trouve ainsi légalement substituée à la famille de l'interdit, et qui lui doit, à ce titre, des soins et des secours au nom de la société. C'est encore dans la législation civile que nous pouvons trouver la mesure de nos obligations envers cette classe de malheureux.

« Les revenus d'un interdit doivent être essentiellement em-
« ployés, dit le Code civil, à adoucir son sort et à accélérer sa
« guérison. Selon les caractères de sa maladie et l'état de sa for-

« tune, le conseil de famille pourra arrêter qu'il sera traité dans « son domicile, ou qu'il sera placé dans une maison de santé, et « même dans un hospice. » (*Art.* 510.)

De là découle, pour l'autorité administrative, le devoir ou plutôt le droit de demander à la loi et à la société les moyens d'ouvrir aux insensés indigents des asiles où ils puissent recevoir un traitement curatif, si leur maladie est susceptible de guérison, et, dans le cas contraire, les soins et les secours que les infirmes et les vieillards pauvres reçoivent dans nos hospices.

On ne saurait d'ailleurs se dissimuler que de grandes ressources ne soient nécessaires pour doter suffisamment cette branche importante des secours publics, quelque économie qu'on puisse y apporter et quelques mesures qu'on prenne pour éviter les abus qui s'attachent même aux meilleures institutions. Aussi, il serait bien qu'au reçu de cette circulaire vous prissiez des renseignements, aussi exacts que possible, sur le nombre des insensés indigents des deux sexes que peut renfermer votre département, et sur les frais qu'il y aurait à faire pour leur ouvrir des asiles convenables. Leur nombre étant connu, il vous serait facile d'évaluer leur dépense, et vous seriez ainsi en mesure de la faire figurer dans votre projet de budget pour 1836. Le conseil général, je ne saurais en douter, s'empressera, sur votre proposition, quel que puisse être son avis sur les moyens de pourvoir par mesure générale et définitive à la dépense des insensés indigents, de réserver des fonds suffisants, dans le budget de l'exercice prochain, pour leur assurer des soins et des secours. Vous remarquerez, au surplus, que, depuis un grand nombre d'années, les frais de transport, de traitement et d'entretien d'insensés appartenant à des familles pauvres, sont prévus dans les détails du budget, et compris au nombre des dépenses diverses et accidentelles imputables sur le fonds des centimes variables. Les lois de finances ont donc admis implicitement la dépense des insensés indigents au nombre des dépenses départementales; et, puisque nous ne pouvons plus rien demander ni aux communes ni aux hospices, les départements se trouvent seuls tenus, en ce moment, de pourvoir à cette dépense nécessaire.

D'après les mêmes motifs et les mêmes principes, si votre département était du nombre de ceux où le payement de la pension d'insensés se trouve en souffrance par suite du refus d'y pourvoir de la part des communes ou des hospices, vous auriez à établir l'état de cet arriéré et à le soumettre au conseil général dans sa prochaine session, afin qu'il en fît un article de dépense au budget de 1836.

Je ne saurais d'ailleurs ignorer que déjà, et depuis longtemps, plusieurs départements ont fait de grands sacrifices pour l'établissement de maisons de fous, qui sont annuellement dotées sur les fonds du budget variable ou du budget facultatif; que même quelques départements se sont imposés extraordinairement pour cet objet, et c'est un motif de plus pour organiser partout ce service sur des bases fixes. Je suis bien sûr que, dans cette circonstance, comme dans toute autre, le concours des conseils généraux ne manquera pas à l'administration pour l'aider dans ses projets d'amélioration. En ce qui vous concerne, vous voudrez bien, aussitôt après la session du conseil général, me transmettre séparément la délibération qu'il aura prise sur les moyens de doter d'une manière définitive le service des insensés indigents, et me communiquer vos vues et vos observations particulières. Quoique le moment ne soit pas encore venu de s'occuper, par mesure générale, de l'organisation administrative de ce service, il convient dès à présent d'en préparer et d'en réunir les éléments. Sous ce rapport encore, les lumières et l'expérience des conseils généraux pourraient éclairer le Gouvernement sur des questions importantes et sur les abus à prévoir et à éviter; en un mot, sur la direction et les limites à donner au nouveau service public qu'il s'agit d'organiser pour l'exécution des lois et pour l'accomplissement d'un grand acte d'humanité. J'examinerais donc avec un vif intérêt les vues que le conseil général de votre département pourrait juger à propos de me communiquer sur le service administratif des insensés indigents.

---

25 juin 1836. — Circulaire du Ministre de l'intérieur *sur les questions relatives aux aliénés.*

Monsieur le Préfet, des plaintes graves et fréquentes ayant depuis longtemps appelé l'attention et la sollicitude de l'administration sur l'état des aliénés en France, afin de remédier aux abus qui lui étaient signalés, elle a cherché à se procurer tous les documents qui pourraient l'éclairer sur la partie la plus intéressante de ces infortunés, c'est-à-dire des aliénés qui ne sont pas secourus, ou sont mal secourus, ou sont en état de vagabondage.

Ce premier soin a été l'objet d'une circulaire (n° 37) en date du 14 septembre 1833, adressée à MM. les préfets par le ministre du commerce et des travaux publics. Quelques préfets ont répondu d'une manière complète et satisfaisante aux quinze questions qui accompagnaient cette circulaire ; la plupart n'ont adressé au ministre que des réponses incomplètes; d'autres enfin, mais en petit nombre, n'ont pas répondu.

Néanmoins, les renseignements obtenus jusqu'ici ont constaté l'existence de près de 10,000 aliénés, dont le tiers environ est complétement abandonné et en état de vagabondage, ou enfermé dans les prisons faute d'établissements spéciaux en nombre suffisant. Cet état de choses et de nouvelles plaintes parvenues à l'autorité, soit sur l'état des aliénés non secourus, soit sur la direction, le régime intérieur ou le service médical de beaucoup d'établissements, ont fait sentir la nécessité, non-seulement d'ouvrir de nouvelles maisons d'aliénés, mais encore d'agrandir et d'améliorer celles qui existent, en les soumettant à un contrôle pareil à celui qui a déjà produit de si heureux résultats pour les autres établissements de bienfaisance.

C'est dans ce but qu'a été créé l'emploi d'inspecteur général des maisons d'aliénés. M. le docteur Ferrus, titulaire de cet emploi, a été choisi parmi les médecins qui ont le plus contribué à l'amélioration de ces établissements dans le département de la Seine. Il visitera une partie des départements, dans le cours de l'été prochain, et continuera, chaque année, cette inspection, en parcourant successivement toutes les parties du royaume.

Il doit, 1° s'enquérir du nombre et de la position des aliénés dans chaque département; savoir où ils sont placés, et quelles sont les mesures de police administrative et judiciaire qui leur sont appliquées dans les diverses localités;

2° Examiner, sous ces différents rapports, les documents adressés au ministre, ainsi que ceux relatifs aux constructions, à l'hygiène et au service médical des maisons d'aliénés;

3° Faire une tournée, chaque année, pour inspecter une partie de ces maisons, et reconnaître les obstacles qui ont empêché d'en ouvrir dans certains départements;

4° S'acquitter de toutes les missions que le ministre jugera nécessaires dans l'intérêt de ce service.

Mais, pour rendre cette inspection aussi utile qu'il est possible, le médecin qui en est chargé doit nécessairement avoir à sa disposition des documents variés, nombreux et exacts sur la situation des aliénés dans chaque département.

En conséquence, je vous invite, Monsieur le Préfet, à faire préparer immédiatement et avec le plus grand soin les réponses aux questions ci-jointes, soit qu'elles aient été comprises dans le travail analogue fait en 1833, soit qu'elles portent sur de nouveaux objets.

Ces renseignements vous seront réclamés par le médecin inspecteur général, dans sa prochaine tournée qui doit commencer au plus tard le 15 du mois d'août; et si, au 1er décembre, M. Ferrus ne s'était pas encore présenté dans le département que vous administrez, vous voudrez bien m'adresser ce travail avant le 1er janvier 1837.

QUESTIONS RELATIVES AUX ALIÉNÉS.

1re *série. (Nombre et position des aliénés.)*

1° Quel est le nombre des aliénés secourus dans des établissements spéciaux? Quel est le nombre des aliénés secourus dans des établissements non spéciaux?

Quel est le nombre des aliénés secourus dans leurs familles?

Quel est le nombre des aliénés non secourus et déposés dans les prisons?

Quel est le nombre des aliénés non secourus en état de vagabondage?

2° Parmi ceux qui sont enfermés, quel est le nombre comparatif ou le rapport des aliénés interdits et des aliénés non interdits?

3° L'interdiction est-elle préalablement exigée pour l'admission d'un aliéné dans une maison de santé? ou bien n'exige-t-on que la simple réquisition de l'autorité judiciaire et administrative; ou, enfin, accorde-t-on l'admission sur la simple demande des parents ou tuteurs, accompagnée d'un certificat de médecin constatant l'aliénation mentale?

4° Comment se fait l'arrestation des aliénés; de quelles précautions est-elle entourée?

5° Aucun aliéné ne séjourne-t-il dans une maison de santé, sans qu'une enquête ait été ordonnée à son égard, et sans qu'il ait été l'objet de plusieurs interrogatoires ou examens contradictoires?

6° Quel est le mode suivi pour l'administration provisoire de ses biens?

2e *série. (Administration, bâtiments et hygiène.)*

1° Quelle est la nature de chaque établissement? est-il spécial ou mixte, c'est-à-dire exclusivement consacré, ou non, aux aliénés?

2° Où est-il situé et à qui en appartient la propriété ou la direction?

3° A défaut d'établissement spécial ou mixte, où envoie-t-on les aliénés?

4° Quel est l'état des bâtiments affectés aux aliénés?

5° Ont-ils été élevés avec une destination spéciale? Quelle est leur origine? Remplissent-ils le but qu'on s'est proposé en les élevant ou en les accommodant à leur destination nouvelle? Permettent-ils d'établir un classement méthodique parmi les malades, c'est-à-dire de les séparer suivant leur état et la nature de leurs maladies?

6° Sont-ils susceptibles d'augmentation ou d'amélioration? Quelles sont les améliorations reconnues utiles et projetées?

7° Comment les aliénés sont-ils logés? Quelle est la dimension moyenne des loges, ou l'intervalle des lits dans les dortoirs?

8° Quels sont les moyens de propreté et de ventilation employés dans les loges ou dortoirs, et surtout dans les salles de *gâteux ?*

9° L'établissement possède-t-il un préau ou promenoir?

10° Quelle est la nature du sol? est-il sec ou humide, bas ou élevé?

11° Quelle est l'exposition solaire; et quels sont les vents régnants?

12° Quelles sont les qualités et la nature des eaux? en quelle quantité sont-elles réparties dans l'établissement, soit pour l'arrosement général, soit pour les bains, soit pour l'usage des malades?

13° Quelles sont les heures du lever et du coucher dans chaque saison de l'année?

14° Quel est le régime des aliénés? à quelles heures se font les repas?

15° A quels travaux sont-ils occupés dans un but de distraction et de traitement?

3e *série. (Service médical.)*

1° Un médecin est-il spécialement attaché à l'établissement? y loge-t-il?

2° A-t-il des aides ou des élèves?

3° Visite-t-il tous les jours ses malades?

4° Tient-il régulièrement un journal de visite et un cahier d'observations?

5° Est-ce lui qui accorde ou refuse aux étrangers ou aux parents des aliénés la permission de communiquer avec ceux-ci?

6° Est-ce lui qui règle la discipline et le régime intérieur de la maison?

7° Partage-t-il ses soins entre l'établissement et une clientèle au dehors?

8° Quel est son traitement comme médecin des aliénés?

9° Les préparations pharmaceutiques se font-elles dans la maison? qui est-ce qui en est chargé?

---

5 août 1836. — Circulaire du Ministre de l'intérieur
sur les dépenses des aliénés indigents.

L'article 6 de la loi du 18 juillet dernier, portant fixation du budget des dépenses de l'exercice 1837, est ainsi conçu :

« Sont assimilées, pour 1837, aux dépenses variables départe-« mentales réglées par la loi du 31 juillet 1821, les dépenses « pour les aliénés indigents, sans préjudice du concours de la « commune du domicile de l'aliéné, conformément à la base

« proposée par le conseil général, sur l'avis du préfet, et approu-
« vée par le ministre de l'intérieur, sans préjudice également,
« s'il y a lieu, du concours des hospices. »

Le Gouvernement a ainsi obtenu les moyens d'assurer, pour 1837, le service des insensés indigents, en attendant qu'il puisse être réglé d'une manière définitive par d'autres dispositions législatives dans la prochaine session des Chambres.

La loi du 18 juillet a eu pour objet de déclarer essentiellement départementale la dépense des aliénés indigents; cependant, en classant les frais de leur entretien et de leur traitement au nombre des dépenses obligatoires du budget variable, elle a appelé à y contribuer *la commune du domicile de l'aliéné.*

Il ne vous échappera pas qu'il ne s'agit point de faire contribuer les communes à cette dépense, de la même manière qu'elles sont tenues d'y concourir pour l'entretien des enfants trouvés et abandonnés, d'après l'article 28 de la loi du 31 juillet 1821. Ici, c'est la commune du domicile de l'aliéné qui est seule appelée à concourir à son entretien sans que toutes les communes, ou seulement quelques-unes d'entre elles, puissent avoir à supporter, comme pour les enfants trouvés, une portion déterminée de la dépense générale : c'est donc à titre individuel, et non à titre collectif, que les communes sont appelées, le cas échéant, à concourir aux frais d'entretien de leurs aliénés.

D'après les règles posées par l'arrêté ministériel du 6 novembre 1815, la commune du domicile de l'aliéné n'était tenue de pourvoir à son entretien qu'autant qu'elle avait des ressources suffisantes. Les termes de la loi du 18 juillet ont implicitement admis le même principe; car on ne peut supposer qu'elle ait voulu qu'une commune s'imposât extraordinairement pour l'exécution d'une mesure d'ordre public autant que de charité. Il vous appartient particulièrement d'examiner quelles sont les communes qui peuvent concourir à la dépense de leurs aliénés indigents sans laisser en souffrance leurs autres services obligatoires. Ne perdons pas de vue que le législateur a voulu principalement maintenir ce qui se faisait, dans la plupart des départements, avant l'avis du comité de l'intérieur du Conseil d'État du 10 octobre 1834, rappelé dans la circulaire du 29 juin 1835.

Quant au *domicile*, il ne peut être question que du *domicile de secours*, d'après les règles établies par le titre V de la loi du 24 vendémiaire an II. Mais il peut arriver que le domicile de l'aliéné soit inconnu, et, dans ce cas, sa dépense doit être, non pas à la charge de la commune qui l'a recueilli, mais à celle du département. S'il s'agissait d'un insensé étranger au département, mais ayant un domicile connu, sa dépense devrait naturellement être remboursée par la commune ou par le département où il avait acquis le domicile de secours.

La loi dispose encore que les hospices seront appelés, s'il y a lieu, à contribuer à la même dépense.

Ce que je viens de dire, relativement à la participation éventuelle des communes, s'applique naturellement aux hospices : ainsi, ils ne sauraient être tenus de concourir, par voie de contribution collective, à la dépense des insensés indigents, et il vous appartient également de rechercher quels sont ceux qui auraient les moyens de subvenir à cette dépense. Mais il doit être entendu que chaque hospice ne pourrait en être chargé que pour les aliénés indigents de la commune dans laquelle il se trouve situé.

C'est d'après les principes et les règles que je viens de rappeler, qu'il convient que vous prépariez le travail que vous avez à soumettre aux délibérations du conseil général, pour que les aliénés indigents de votre département puissent recevoir, en 1837, les soins et les secours convenables. Vous n'aurez pas négligé, j'en ai l'assurance, de vous occuper des renseignements demandés par la circulaire du 25 juin dernier ; vous serez donc bientôt en mesure, si vous ne l'êtes pas déjà, de pouvoir vous rendre un compte approximatif de la dépense, d'après la double base des insensés qu'il y aura à secourir et de la pension annuelle. Votre travail devra naturellement se diviser en deux parties : dans l'une vous indiquerez le nombre des aliénés actuellement soignés aux frais des communes ou du département et la dépense qu'ils occasionnent; dans l'autre, vous ferez connaître le nombre de ceux qu'il y aura lieu de recueillir également dans les asiles qui leur sont ou qui doivent leur être ouverts. La dépense présumée pour 1837 étant ainsi établie, vous ferez connaître au conseil général les communes et les hospices dont la situation financière pour 1837 pourra autoriser l'application de la loi, afin qu'il propose le contingent qu'ils auront à fournir; la différence devra nécessairement être payée par le budget variable. Vous me transmettrez, par un envoi spécial, les propositions du conseil général accompagnées de vos observations, pour que je statue définitivement.

Les contingents des communes et des hospices devront être centralisés dans la caisse du receveur général pour être employés, sur vos mandats, avec les fonds votés par le département, au payement de la pension des aliénés dans les établissements où ils auront été séquestrés.

Dans quelques départements, les frais d'entretien d'aliénés dans les hospices n'ont pu être entièrement payés, par suite du refus des communes et des hospices de contribuer à cette dépense, et de l'insuffisance des fonds que le budget variable lui avait affectés; si votre département était de ce nombre, vous auriez également à proposer au conseil général les moyens de pourvoir à cet arriéré sur les fonds départementaux du chapitre X.

---

30 juin 1838. — Loi *sur les aliénés.*

TITRE Ier. — DES ÉTABLISSEMENTS D'ALIÉNÉS.

ART. 1er. — Chaque département est tenu d'avoir un établissement public, spécialement destiné à recevoir et soigner les aliénés, ou de traiter, à cet effet, avec un établissement public ou privé, soit de ce département, soit d'un autre département. — Les traités passés avec les établissements publics ou privés devront être approuvés par le ministre de l'intérieur.

ART. 2. — Les établissements publics consacrés aux aliénés sont placés sous la direction de l'autorité publique.

ART. 3. — Les établissements privés consacrés aux aliénés sont placés sous la surveillance de l'autorité publique.

ART. 4. — Le préfet et les personnes spécialement déléguées à cet effet par lui ou par le ministre de l'intérieur, le président du tribunal, le procureur du roi, le juge de paix, le maire de la commune, sont chargés de visiter les établissements publics ou privés consacrés aux aliénés. — Ils recevront les réclamations des personnes qui y seront placées, et prendront, à leur égard, tous renseignements propres à faire connaître leur position. — Les établissements privés seront visités, à des jours indéterminés, une fois au moins chaque trimestre, par le procureur du roi de l'arrondissement. Les établissements publics le seront de la même manière, une fois au moins par semestre.

ART. 5. — Nul ne pourra diriger ni former un établissement privé consacré aux aliénés sans l'autorisation du Gouvernement. — Les établissements privés consacrés au traitement d'autres maladies ne pourront recevoir les personnes atteintes d'aliénation mentale, à moins qu'elles ne soient placées dans un local entièrement séparé. — Ces établissements devront être, à cet effet, spécialement autorisés par le Gouvernement, et seront soumis, en ce qui concerne les aliénés, à toutes les obligations prescrites par la présente loi.

ART. 6. — Des règlements d'administration publique détermineront les conditions auxquelles seront accordées les autorisations énoncées en l'article précédent, les cas où elles pourront être retirées, et les obligations auxquelles seront soumis les établissements autorisés.

ART. 7. — Les règlements intérieurs des établissements publics consacrés, en tout ou en partie, au service des aliénés, seront, dans les dispositions relatives à ce service, soumis à l'approbation du ministre de l'intérieur.

TITRE II. — DES PLACEMENTS FAITS DANS LES ÉTABLISSEMENTS D'ALIÉNÉS.

Section 1re. — *Des placements volontaires.*

ART. 8. — Les chefs ou préposés responsables des établissements publics, et les directeurs des établissements privés et consacrés aux aliénés, ne pourront recevoir une personne atteinte d'aliénation mentale, s'il ne leur est remis : 1° une demande d'admission contenant les noms, profession, âge et domicile, tant de la personne qui la formera que de celle dont le placement sera réclamé, et l'indication du degré de parenté, ou, à défaut, de la nature des relations qui existent entre elles. — La demande sera écrite et signée par celui qui la formera, et, s'il ne sait pas écrire, elle sera reçue par le maire ou le commissaire de police, qui en donnera acte. — Les chefs, préposés ou directeurs, devront s'assurer, sous leur responsabilité, de l'individualité de la personne qui aura formé la demande, lorsque cette demande n'aura pas été reçue par le maire ou le commissaire de police. — Si la demande d'admission est formée par le tuteur d'un interdit, il devra fournir, à l'appui, un extrait du jugement d'interdiction. — 2° Un certificat de médecin constatant l'état mental de la personne à placer, et indiquant les particularités de sa maladie et la nécessité de faire traiter la personne désignée dans un établissement d'aliénés, et de l'y tenir renfermée. — Ce certificat ne pourra être admis s'il a été délivré plus de quinze jours avant sa remise au chef ou directeur ; s'il est signé d'un médecin attaché à l'établissement, ou si le médecin signataire est parent ou allié, au second degré inclusivement, des chefs ou propriétaires de l'établissement, où de la personne qui fera effectuer le placement. — En cas d'urgence, les chefs des établissements publics pourront se dispenser d'exiger le certificat du médecin.— 3° Le passeport ou toute autre pièce propre à constater l'individualité de la personne à placer. — Il sera fait mention de toutes les pièces produites dans un bulletin d'entrée, qui sera renvoyé, dans les vingt-quatre heures, avec un certificat du médecin de l'établissement et la copie de celui ci-dessus mentionné, au préfet de police à Paris, au préfet ou au sous-préfet dans les communes chefs-lieux de département ou d'arrondissement, et aux maires dans les autres communes. Le sous-préfet, ou le maire, en fera immédiatement l'envoi au préfet.

Art. 9. — Si le placement est fait dans un établissement privé, le préfet, dans les trois jours de la réception du bulletin, chargera un ou plusieurs hommes de l'art de visiter la personne désignée dans ce bulletin, à l'effet de constater son état mental et d'en faire rapport sur-le-champ. Il pourra leur adjoindre telle autre personne qu'il désignera.

Art. 10. — Dans le même délai, le préfet notifiera administrativement les noms, profession et domicile, tant de la personne placée que de celle qui aura demandé le placement, et les causes du placement : 1° au procureur du roi de l'arrondissement du domicile de la personne placée ; 2° au procureur du roi de l'arrondissement de la situation de l'établissement ; ces dispositions seront communes aux établissements publics et privés.

Art. 11. — Quinze jours après le placement d'une personne

dans un établissement public ou privé, il sera adressé au préfet, conformément au dernier paragraphe de l'article 8, un nouveau certificat du médecin de l'établissement ; ce certificat confirmera ou rectifiera, s'il y a lieu, les observations contenues dans le premier certificat, en indiquant le retour plus ou moins fréquent des accès ou des actes de démence.

Art. 12. — Il y aura, dans chaque établissement, un registre coté et paraphé par le maire, sur lequel seront immédiatement inscrits les noms, profession, âge et domicile des personnes placées dans les établissements ; la mention du jugement d'interdiction, si elle a été prononcée, et le nom de leur tuteur ; la date de leur placement, les noms, profession et demeure de la personne, parente ou non parente, qui l'aura demandé. Seront également transcrits sur ce registre : 1° le certificat du médecin joint à la demande d'admission ; 2° ceux que le médecin de l'établissement devra adresser à l'autorité, conformément aux articles 8 et 11. — Le médecin sera tenu de consigner sur ce registre, au moins tous les mois, les changements survenus dans l'état mental de chaque malade. Ce registre constatera également les sorties et les décès. — Ce registre sera soumis aux personnes qui, d'après l'article 4, auront le droit de visiter l'établissement lorsqu'elles se présenteront pour en faire la visite ; après l'avoir terminée, elles apposeront sur le registre leur visa, leur signature et leurs observations, s'il y a lieu.

Art. 13. — Toute personne placée dans un établissement d'aliénés cessera d'y être retenue aussitôt que les médecins de l'établissement auront déclaré, sur le registre énoncé en l'article précédent, que la guérison est obtenue. — S'il s'agit d'un mineur ou d'un interdit, il sera donné immédiatement avis de la déclaration des médecins aux personnes auxquelles il devra être remis, et au procureur du roi.

Art. 14. — Avant même que les médecins aient déclaré la

guérison, toute personne placée dans un établissement d'aliénés cessera également d'y être retenue dès que la sortie sera requise par l'une des personnes ci-après désignées, savoir : 1° le curateur nommé en exécution de l'article 38 de la présente loi ; — 2° l'époux ou l'épouse ; — 3° s'il n'y a pas d'époux ou d'épouse, les ascendants ; — 4° s'il n'y a pas d'ascendants, les descendants ; — 5° la personne qui aura signé la demande d'admission, à moins qu'un parent n'ait déclaré s'opposer à ce qu'elle use de cette faculté sans l'assentiment du conseil de famille ; — 6° toute personne à ce autorisée par le conseil de famille. — S'il résulte d'une opposition notifiée au chef de l'établissement par un ayant droit qu'il y a dissentiment, soit entre les ascendants, soit entre les descendants, le conseil de famille prononcera. — Néanmoins, si le médecin de l'établissement est d'avis que l'état mental du malade pourrait compromettre l'ordre public ou la sûreté des personnes, il en sera donné préalablement connaissance au maire, qui pourra ordonner immédiatement un sursis provisoire à la sortie, à la charge d'en référer, dans les vingt-quatre heures, au p[illegible]Ce sursis provisoire cessera de plein droit à l'expiration d[illegible]zaine, si le préfet n'a pas, dans ce délai, donné d'ordres contraires, conformément à l'article 21 ci-après. L'ordre du maire sera transcrit sur le registre tenu en exécution de l'article 12. — En cas de minorité ou d'interdiction, le tuteur pourra seul requérir la sortie.

Art. 15. Dans les vingt-quatre heures de la sortie, les chefs, préposés, ou directeurs, en donneront avis aux fonctionnaires désignés dans le dernier paragraphe de l'article 8, et leur feront connaître le nom et la résidence des personnes qui auront retiré le malade, son état mental au moment de sa sortie, et, autant que possible, l'indication du lieu où il aura été conduit.

Art. 16. — Le préfet pourra toujours ordonner la sortie immédiate des personnes placées volontairement dans les établissements d'aliénés.

Art. 17. — En aucun cas l'interdit ne pourra être remis qu'à son tuteur, et le mineur qu'à ceux sous l'autorité desquels il est placé par la loi.

Section 2. — *Des placements ordonnés par l'autorité publique.*

Art. 18. — A Paris, le préfet de police, et dans les départements, le préfet, ordonneront d'office le placement, dans un établissement d'aliénés, de toute personne, interdite ou non interdite, dont l'état d'aliénation compromettrait l'ordre public ou la sûreté des personnes. — Les ordres des préfets seront motivés et devront énoncer les circonstances qui les auront rendus nécessaires. Ces ordres, ainsi que ceux qui seront donnés conformément aux articles 19, 20, 21 et 23, seront inscrits sur un registre semblable à celui qui est prescrit par l'article 12 ci-dessus, dont toutes les dispositions seront applicables aux individus placés d'office.

Art. 19. — En cas de danger imminent, attesté par le certifi[illegible] médecin ou par la notoriété publique, les commissaires de[illegible]e à Paris, et les maires dans les autres communes, ordonneront, à l'égard des personnes atteintes d'aliénation mentale, toutes les mesures provisoires nécessaires, à la charge d'en référer, dans les vingt-quatre heures, au préfet qui statuera sans délai.

Art. 20. — Les chefs, directeurs ou préposés responsables des établissements seront tenus d'adresser aux préfets, dans le premier mois de chaque semestre, un rapport rédigé par le médecin de l'établissement sur l'état de chaque personne qui y sera retenue, sur la nature de sa maladie et les résultats du traitement. — Le préfet prononcera sur chacune individuellement, ordonnera sa maintenue dans l'établissement ou sa sortie.

Art. 21. — A l'égard des personnes dont le placement aura été volontaire, et dans le cas où leur état mental pourrait compromettre l'ordre public ou la sûreté des personnes, le préfet pourra, dans les formes tracées par le deuxième paragraphe de l'article 18, décerner un ordre spécial, à l'effet d'empêcher qu'elles ne sortent de l'établissement sans son autorisation, si ce n'est pour être placées dans un autre établissement. — Les chefs, directeurs ou préposés responsables seront tenus de se conformer à cet ordre.

Art. 22. — Les procureurs du roi seront informés de tous les ordres donnés en vertu des articles 18, 19, 20 et 21. — Ces ordres seront notifiés au maire du domicile des personnes soumises au placement, qui en donnera immédiatement avis aux familles. — Il en sera rendu compte au ministre de l'intérieur. — Les diverses notifications prescrites par le présent article seront faites dans les formes et délais énoncés en l'article 10.

Art. 23. — Si, dans l'intervalle qui s'écoulera entre les rapports ordonnés par l'article 20, les médecins déclarent, sur le registre tenu en exécution de l'article 12, que la sortie peut être ordonnée, les chefs, directeurs ou préposés responsables des établissements, seront tenus, sous peine d'être poursuivis conformément à l'article 30 ci-après, d'en référer aussitôt au préfet qui statuera sans délai.

Art. 24. — Les hospices ou hôpitaux civils seront tenus de recevoir provisoirement les personnes qui leur seront adressées en vertu des articles 18 et 19, jusqu'à ce qu'elles soient dirigées sur l'établissement spécial destiné à les recevoir, aux termes de l'article 1er, ou pendant le trajet qu'elles feront pour s'y rendre. — Dans toutes les communes où il existe des hospices ou hôpitaux, les aliénés ne pourront être déposés ailleurs que dans ces hospices ou hôpitaux. Dans les lieux où il n'en existe pas, les maires devront pourvoir à leur logement, soit dans une hôtellerie, soit dans un local loué à cet effet. — Dans aucun cas, les aliénés ne pourront être ni conduits avec les condamnés ou les prévenus, ni déposés dans une prison. — Ces dispositions sont applicables à tous les aliénés dirigés par l'administration sur un établissement public ou privé.

Section 3. — *Dépenses du service des aliénés.*

Art. 25. — Les aliénés dont le placement aura été ordonné par le préfet, et dont les familles n'auront pas demandé l'admission dans un établissement privé, seront conduits dans l'établissement appartenant au département, ou avec lequel il aura traité. — Les aliénés dont l'état mental ne compromettrait point l'ordre public ou la sûreté des personnes y seront également admis, dans les formes, dans les circonstances et aux conditions qui seront réglées par le conseil général, sur la proposition du préfet, et approuvées par le ministre.

Art. 26. — La dépense du transport des personnes dirigées par l'administration sur les établissements d'aliénés sera arrêtée par le préfet, sur le mémoire des agents préposés à ce transport. — La dépense de l'entretien, du séjour et du traitement des personnes placées dans les hospices ou établissements publics d'aliénés sera réglée d'après un tarif arrêté par le préfet. — La dépense de l'entretien, du séjour et du traitement des personnes placées par les départements dans les établissements privés, sera fixée par les traités passés par le département, conformément à l'article 1er.

Art. 27. — Les dépenses énoncées en l'article précédent seront à la charge des personnes placées ; à défaut, à la charge de ceux auxquels il peut être demandé des aliments, aux termes des articles 205 et suivants du Code civil. — S'il y a contestation sur l'obligation de fournir des aliments, ou sur leur quotité, il sera statué par le tribunal compétent, à la diligence de l'administrateur désigné en exécution des articles 31 et 32. — Le recouvrement des sommes dues sera poursuivi et opéré à la diligence de l'administration de l'enregistrement et des domaines.

Art. 28. — A défaut, ou en cas d'insuffisance des ressources énoncées en l'article précédent, il y sera pourvu sur les centimes affectés, par la loi des finances, aux dépenses ordinaires du département auquel l'aliéné appartient, sans préjudice du concours de la commune du domicile de l'aliéné, d'après les bases proposées par le conseil général, sur l'avis du préfet, et approuvées par le Gouvernement. — Les hospices seront tenus à une indemnité proportionnée au nombre des aliénés dont le traitement ou l'entretien était à la charge, et qui seraient placés dans un établissement spécial d'aliénés. — En cas de contestation, il sera statué par le conseil de préfecture.

Section 4. — *Dispositions communes à toutes les personnes placées dans les établissements d'aliénés.*

Art. 29. — Toute personne placée ou retenue dans un établissement d'aliénés, son tuteur, si elle est mineure, son curateur, tout parent ou ami, pourront, à quelque époque que ce soit, se pourvoir devant le tribunal du lieu de la situation de l'établissement, qui, après les vérifications nécessaires, ordonnera, s'il y a lieu, la sortie immédiate. — Les personnes qui auront demandé le placement, et le procureur du roi, d'office, pourront se pourvoir aux mêmes fins. — Dans le cas d'interdiction, cette demande ne pourra être formée que par le tuteur de l'interdit. — La décision sera rendue sur simple requête, en chambre du conseil et sans délai ; elle ne sera point motivée. — La requête, le jugement et les autres actes auxquels la réclamation pourrait donner lieu, seront visés pour timbre et enregistrés en débet. — Aucunes requêtes, aucunes réclamations adressées, soit à l'autorité judiciaire, soit à l'autorité administrative, ne pourront être supprimées ou retenues par les chefs d'établissements, sous les peines portées au titre III ci-après.

Art. 30. — Les chefs, directeurs, ou préposés responsables ne pourront, sous les peines portées par l'article 120 du Code pénal, retenir une personne placée dans un établissement d'aliénés, dès que sa sortie aura été ordonnée par le préfet, aux termes des articles 16, 20 et 23, ou par le tribunal, aux termes de l'article 29, ni lorsque cette personne se trouvera dans les cas énoncés aux articles 13 et 14.

Art. 31. — Les commissions administratives ou de surveillance des hospices ou établissements publics d'aliénés exerceront, à l'égard des personnes non interdites qui y seront placées, les fonctions d'administrateurs provisoires. Elles désigneront un de leurs membres pour les remplir; l'administrateur ainsi désigné procédera au recouvrement des sommes dues à la personne placée dans l'établissement et à l'acquittement de ses dettes, passera des baux qui ne pourront excéder trois ans, et pourra même, en vertu d'une autorisation spéciale accordée par le président du tribunal civil, faire vendre le mobilier. — Les sommes provenant, soit de la vente, soit des autres recouvrements, seront versées directement dans la caisse de l'établissement, et seront employées, s'il y a lieu, au profit de la personne placée dans l'établissement. — Le cautionnement du receveur sera affecté à la garantie desdits deniers, par privilége aux créances de toute autre nature. — Néanmoins, les parents, l'époux ou l'épouse des personnes placées dans des établissements d'aliénés dirigés ou surveillés par des commissions administratives, ces commissions elles-mêmes, ainsi que le procureur du roi, pourront toujours recourir aux dispositions des articles suivants.

Art. 32. — Sur la demande des parents, de l'époux ou de l'épouse, sur celle de la commission administrative ou sur la provocation d'office du procureur du roi, le tribunal civil du lieu du domicile pourra, conformément à l'article 497 du Code civil, nommer, en chambre du conseil, un administrateur provisoire aux biens de toute personne non interdite placée dans un établissement d'aliénés. Cette nomination n'aura lieu qu'après délibération du conseil de famille, et sur les conclusions du procureur du roi. Elle ne sera pas sujette à l'appel.

Art. 33. — Le tribunal, sur la demande de l'administration provisoire, ou à la diligence du procureur du roi, désignera un mandataire spécial à l'effet de représenter en justice tout individu non interdit et placé ou retenu dans un établissement d'aliénés, qui serait engagé dans une contestation judiciaire au moment du placement, ou contre lequel une action serait intentée postérieurement. — Le tribunal pourra aussi, dans le cas d'urgence, désigner un mandataire spécial à l'effet d'intenter, au nom des mêmes individus, une action mobilière ou immobilière. L'administrateur provisoire pourra, dans les deux cas, être désigné pour mandataire spécial.

Art. 34. — Les dispositions du Code civil, sur les causes qui dispensent de la tutelle, sur les incapacités, les exclusions ou les destitutions des tuteurs, sont applicables aux administrateurs provisoires nommés par le tribunal. — Sur la demande des parties intéressées ou sur celle du procureur du roi, le jugement qui nommera l'administrateur provisoire pourra en même temps constituer sur ses biens une hypothèque générale ou spéciale jusqu'à concurrence d'une somme déterminée par ledit jugement. — Le procureur du roi devra, dans le délai de quinzaine, faire inscrire cette hypothèque au bureau de la conservation; elle ne datera que du jour de l'inscription.

Art. 35. — Dans le cas où un administrateur provisoire aura été nommé par jugement, les significations à faire à la personne placée dans un établissement d'aliénés seront faites à cet administrateur. — Les significations au domicile pourront, suivant les circonstances, être annulées par les tribunaux. — Il n'est point dérogé aux dispositions de l'article 173 du Code de commerce.

Art. 36. — A défaut d'administrateur provisoire, le président, à la requête de la partie la plus diligente, commettra un notaire pour représenter les personnes non interdites placées dans les établissements d'aliénés, dans les inventaires, comptes, partages et liquidations dans lesquelles elles seraient intéressées.

Art. 37. — Les pouvoirs conférés en vertu des articles précédents cesseront de plein droit dès que la personne placée dans un établissement d'aliénés n'y sera plus retenue. — Les pouvoirs conférés par le tribunal en vertu de l'article 32 cesseront de plein droit à l'expiration d'un délai de trois ans ; ils pourront être renouvelés. — Cette disposition n'est pas applicable aux administrateurs provisoires qui seront donnés aux personnes entretenues par l'administration dans des établissements privés.

Art. 38. — Sur la demande de l'intéressé, de l'un de ses parents, de l'époux ou de l'épouse, d'un ami, ou sur la provocation d'office du procureur du roi, le tribunal pourra nommer, en chambre du conseil, par jugement non susceptible d'appel, en outre de l'administrateur provisoire, un curateur à la personne de tout individu non interdit placé dans un établissement d'aliénés, lequel devra veiller : 1° à ce que ses revenus soient employés à adoucir son sort et à accélérer sa guérison ; 2° à ce que ledit individu soit rendu au libre exercice de ses droits aussitôt que sa situation le permettra. — Ce curateur ne pourra pas être choisi parmi les héritiers présomptifs de la personne placée dans un établissement d'aliénés.

Art. 39. — Les actes faits par une personne placée dans un établissement d'aliénés, pendant le temps qu'elle y aura été retenue, sans que son interdiction ait été prononcée ni provoquée, pourront être attaqués pour cause de démence, conformément à l'article 1304 du Code civil. — Les dix ans de l'action en nullité courront, à l'égard de la personne retenue qui aura souscrit ces actes, à dater de la signification qui lui en aura été faite, ou de la connaissance qu'elle en aura eue après sa sortie définitive de la maison d'aliénés ; — et, à l'égard de ses héritiers, à dater de la signification qui leur en aura été faite, ou de la connaissance qu'ils en auront eue, depuis la mort de leur auteur. — Lorsque les dix ans auront commencé de courir contre celui-ci, ils continueront de courir contre les héritiers.

Art. 40. — Le ministère public sera entendu dans toutes les affaires qui intéresseront les personnes placées dans un établissement d'aliénés, lors même qu'elles ne seraient pas interdites.

Titre III. — Dispositions générales.

Art. 41. — Les contraventions aux dispositions des articles 5, 8, 11, 12 du second paragraphe de l'article 13, des articles 15, 17, 20, 21, et du dernier paragraphe de l'article 29 de la présente loi, et aux règlements rendus en vertu de l'article 6, qui seront commises par les chefs, directeurs ou préposés responsables des établissements publics ou privés d'aliénés, et par les médecins employés dans ces établissements, seront punies de cinq jours à un an, et d'une amende de cinquante francs à trois mille francs, ou de l'une ou de l'autre de ces peines. — Il pourra être fait application de l'article 463 du Code pénal.

---

23 juillet 1838. — Circulaire du Ministre de l'intérieur *relative à la loi du 30 juin précédent.*

Monsieur le Préfet, j'ai l'honneur de vous adresser ci-joint un exemplaire de la loi sur les aliénés, qui vient d'être promulguée au *Bulletin des lois*, sous la date du 30 juin 1838. Je désire que vous en étudiiez avec soin les dispositions, et que vous vous mettiez en mesure d'en assurer l'exécution, sans retard, dans votre département.

Cette loi sera reçue avec reconnaissance par tous les vrais amis de l'humanité ; elle remplit une lacune importante dans notre législation administrative ; considérée dans son but et dans ses effets, elle doit être une garantie tout à la fois pour la liberté individuelle et pour la sûreté publique ; elle tend à ménager aussi l'honneur des familles, et à favoriser l'application des meilleurs moyens curatifs pour la plus triste des infirmités.

C'est une œuvre utile que la confection de cette loi ; il s'agit maintenant d'en faire une exécution fidèle, et par là de réaliser le bien que le législateur s'en est promis. Une grande part de surveillance et d'action vous est, Monsieur le Préfet, confiée par les dispositions qu'elle renferme : vous la recevrez comme l'un des plus précieux dépôts qui puissent être remis en vos mains. Exercez donc avec sollicitude une aussi honorable magistrature ; hâtez-vous d'y associer les conseils généraux pour toutes les mesures dans lesquelles leur intervention est nécessaire ; c'est, sans doute, avec empressement qu'ils vous accorderont leur concours ; car de tels travaux sont de nature à jeter un honneur durable sur notre époque pacifique, et nous devons tous nous estimer heureux de pouvoir préparer et accomplir, dans les loisirs de la paix, des mesures qui se rattachent de si près au soulagement des classes souffrantes et au bien-être de la société.

Je m'occupe, de mon côté, de préparer les règlements que comporte cette loi nouvelle, et vous les recevrez, en leur temps ; mais, préalablement, je crois devoir appeler votre attention sur quelques points qui exigent des mesures immédiates.

Avant tout, il faut songer à faire jouir du bénéfice de la loi les malheureux en vue desquels elle a été faite ; c'est-à-dire qu'il y a lieu : 1° de recueillir des renseignements précis sur les aliénés déjà placés dans des établissements publics ou privés, et de se faire rendre compte de leur état mental, afin de déterminer s'ils doivent ou non continuer à y être retenus; 2° de constater si la dépense de ceux qui ont été admis aux frais de l'administration publique est supportée conformément aux dispositions de l'article 27 de la loi ; 3° de rechercher si, parmi les aliénés indigents qui, en ce moment, ne sont pas séquestrés, et qui ne compromettent point l'ordre public ou la sûreté des personnes, il n'en est pas qui soient dans le cas d'être secourus par les établissements à la charge des départements, en exécution de l'article 25.

Ces relevés que vous ferez faire, Monsieur le Préfet, avec tout le soin que comporte l'importance d'une pareille mesure, vous serviront d'éléments pour les propositions que vous aurez à soumettre au conseil général, dans sa prochaine session, pour l'exécution de l'article 1er de la loi. Cet article crée, pour les départements, l'obligation d'avoir un établissement spécialement destiné à recevoir et à soigner les aliénés; ou de traiter, à cet effet, avec un établissement public ou privé, soit de ce département, soit d'un autre département. Il est donc indispensable que vous mettiez le conseil général en mesure de se prononcer pour l'une de ces alternatives, afin que le service puisse être assuré dès l'année prochaine. D'après le vote qui aura été émis, vous me soumettrez, soit vos propositions pour la création d'établissements départementaux, soit le traité passé avec un établissement public ou privé, et que j'aurai à approuver. Je n'ai pas besoin de vous faire observer que, dans le cas où le conseil général se déterminerait à former un établissement spécial, il y aurait toujours nécessité, afin de pourvoir en attendant aux besoins du service, de prendre des mesures pour traiter provisoirement avec un autre établissement.

Je dois, toutefois, vous faire observer ici que, s'il est désirable que les départements s'occupent des moyens de créer des établissements spéciaux, qui se distingueraient, sans doute, par leur sage administration et un plus grand développement de moyens curatifs, la prudence exige que ces créations ne soient votées qu'après le plus mûr examen de la situation financière de chaque département. Au milieu de toutes les nécessités sociales qui se développent, il faut craindre d'exagérer les dépenses départementales; la connaissance exacte que vous avez des ressources et des besoins de votre département devra donc vous guider à cet égard ; et vous proposerez, de préférence, au conseil général, des traités avec des établissements déjà existants, si cette mesure vous paraît la plus convenable aux intérêts locaux.

Vous aurez aussi à vous occuper de constater l'existence de tous les établissements privés qui se trouvent dans votre département, en rappelant aux directeurs les dispositions de l'article 5 de la loi, et en leur prescrivant de se pourvoir en autorisation. Vous me transmettrez ces demandes avec votre avis, en les appuyant des documents propres à faire apprécier avec exactitude la situation de ces maisons, leur importance et les garanties qu'elles présentent.

Dans tous les cas, et provisoirement, vous aurez à veiller à l'exécution, dans les établissements, soit publics, soit privés, de toutes les dispositions de la loi relatives au placement des aliénés dans ces maisons et à leur sortie. Vous prescrirez, à cet effet, toutes les mesures de garantie et de surveillance qui résultent du titre II. Les diverses dispositions en sont si claires et si détaillées, que l'exécution ne m'a paru devoir présenter aucun point douteux. Je me borne donc, quant à présent, à m'y référer.

J'appellerai toutefois votre attention toute spéciale sur la disposition de l'article 13 qui a une grande importance pour la liberté individuelle. Aux termes de cette disposition, toute personne placée dans un établissement d'aliénés doit cesser d'y être retenue aussitôt que les médecins de l'établissement auront déclaré que la guérison est obtenue.

Vous ne perdrez pas de vue, Monsieur le Préfet, que cette déclaration des médecins est souveraine; que les chefs des établissements n'ont pas besoin d'autre autorisation pour mettre en liberté la personne détenue; et qu'ils ne pourraient continuer, sous aucun prétexte, à la séquestrer, sans compromettre leur responsabilité personnelle.

Il sera utile que vous signifiiez spécialement cette disposition aux chefs et directeurs de tous les établissements d'aliénés.

Au surplus, je n'ai pas besoin de vous faire remarquer que cet article ne s'applique qu'à la sortie des personnes qui ont été l'objet d'un placement volontaire. Les personnes placées d'office en vertu de l'article 18, sur l'ordre des préfets, ne peuvent, d'après les articles 20 et 23, sortir des établissements que sur l'autorisation de ces magistrats.

Vous aurez, Monsieur le Préfet, à donner des instructions aux commissions administratives et aux maires, pour la bonne exécution des obligations qu'impose aux hospices et aux communes l'article 24 de la loi. Ces administrateurs comprendront d'eux-mêmes qu'indépendamment du devoir légal de pourvoir au logement des aliénés, pendant le trajet qu'ils font pour se rendre à leur destination, il y a le devoir d'humanité, qui consiste à faire toutes les dispositions nécessaires pour que ce gîte soit le mieux approprié que faire se pourra à l'état du malade, et que celui-ci y soit convenablement reçu et traité.

Vous veillerez exactement, et de la manière la plus scrupuleuse, à ce que, conformément à la disposition des troisième et quatrième paragraphes de l'article 24, les aliénés, à quelque classe qu'ils appartiennent, ne soient jamais conduits, sous quelque prétexte que ce soit, avec les condamnés ou les prévenus, ni déposés dans une prison.

La section III du titre II contient des dispositions relatives aux dépenses du service des aliénés. Ces dépenses, lorsqu'elles ne peuvent pas être imputées sur les revenus personnels de l'aliéné, incombent d'abord aux personnes qui lui doivent des aliments, conformément aux articles 205 et suivants du Code civil; à défaut, c'est au département à y pourvoir, sauf le concours de la commune du domicile de l'aliéné. Vous aurez, à cet égard, à faire les propositions convenables au conseil général, en observant que le concours de la commune du domicile doit s'entendre dans le sens d'une subvention déterminée d'après des bases équitables, et non pas de manière à laisser la dépense tout entière à la charge de la caisse municipale. Quelques conseils généraux ayant tenté de faire prévaloir cette dernière interprétation, je crois devoir déclarer, dès à présent, qu'elle ne me paraît conforme ni à l'esprit, ni au texte de la loi, et que je ne saurais approuver les arrêtés de répartition qui seraient faits en conséquence.

Quant à l'indemnité que les hospices peuvent être appelés à payer, en exécution du paragraphe 2 de l'article 28, il sera facile de la déterminer, en relevant, d'après les comptes de ces établissements, la portion de dépense qu'ils ont supportée jusqu'à ce moment, soit en vertu du titre de leur fondation, soit par la volonté spéciale de donateurs, soit par suite d'un usage constant et reconnu. En tout cas, s'il y avait contestation, ce serait au conseil de préfecture qu'il appartiendrait de statuer.

Les dispositions de la section IV du titre II sont presque toutes de droit civil. Elles ont pour objet de régler l'état de l'aliéné et de pourvoir à l'administration de sa personne et de ses biens. Pour ces dispositions comme pour quelques autres où l'autorité judiciaire est appelée à intervenir, M. le ministre de la justice et des cultes croira, sans doute, devoir adresser des instructions spéciales à MM. les procureurs généraux. J'aurai soin que ces instructions vous soient communiquées en ce qui vous concernera.

Si, en attendant les instructions plus détaillées que je compte vous adresser, vous éprouviez quelques difficultés d'exécution qui vous feraient juger nécessaire de recourir à moi, vous me trouverez tout disposé à vous donner tous les éclaircissements que vous croiriez devoir me demander.

Au surplus, Monsieur le Préfet, le soin que le Gouvernement et les Chambres ont apporté à la discussion de cette loi importante vous avertit suffisamment de l'intérêt que j'attache à sa bonne et prompte exécution ; et je ne doute pas du dévouement particulier que vous mettrez à seconder mes intentions sur ce point.

---

18 septembre 1838. — Circulaire du Ministre de l'intérieur *relative à l'exécution de l'article 24 de la loi du 30 juin précédent.*

Monsieur le Préfet, quelques-uns de vos vollègues, en m'accusant réception de ma circulaire du 23 juillet dernier, m'ont fait connaître les embarras matériels qu'ils éprouvent pour l'exécution de l'article 24 de la loi du 30 juin 1838, qui, après avoir ordonné que les hospices seront tenus de recevoir provisoirement les aliénés jusqu'à ce qu'ils soient dirigés sur l'établissement spécial destiné à les garder, ou pendant le trajet qu'ils feront pour s'y rendre, ajoute que, dans toutes les communes où il existe des hospices ou hôpitaux, les aliénés ne pourront être déposés ailleurs que dans ces établissements ; et que, dans les lieux où il n'en existe pas, les maires devront pourvoir à leur logement, soit dans une hôtellerie, soit dans un local loué à cet effet ; enfin, que, dans aucun cas, les aliénés ne pourront être ni conduits avec les condamnés ou les prévenus, ni déposés dans une prison. Ces magistrats ont fait remarquer que, dans certaines localités, les hospices n'étaient pas en mesure d'accomplir l'obligation que la loi leur impose; qu'ils n'avaient pas, en effet, de ressources suffisantes, et ne possédaient pas des salles en assez grand nombre pour en tenir constamment une en réserve et l'approprier convenablement à ce qu'exige la garde d'un aliéné; difficulté qui s'augmente encore, dans quelques départements, de ce que le service n'étant pas organisé, soit dans le département lui-même, soit par un traité avec un département voisin, les aliénés sont exposés à séjourner plus ou moins longtemps dans les hospices où on les placerait provisoirement; enfin que, dans les lieux où il n'existe pas d'hospice, il n'est pas toujours facile au maire de se procurer un local propre à la garde provisoire de l'aliéné.

Par toutes ces considérations, ces préfets proposaient de continuer, jusqu'à nouvel ordre et comme la seule chose possible dans l'état actuel des services, l'usage d'admettre les aliénés dans les maisons d'arrêt.

Cette proposition est tellement contraire à l'esprit comme au texte de la loi du 30 juin 1838, que je regrette qu'elle ait pu m'être soumise; et je m'empresse de déclarer de la manière la plus positive que le Gouvernement ne saurait jamais y adhérer. Séquestrer ou conduire les aliénés avec des condamnés ou des prévenus, est une habitude justement flétrie par l'opinion publique et par la législature; c'est un outrage à la morale, aussi bien qu'un attentat contre la personne.

Je vous recommande donc, Monsieur le Préfet, de la manière la plus expresse, de prendre, si vous ne l'avez déjà fait, des mesures immédiates pour que les aliénés qui pourraient se trouver dans des lieux de détention affectés aux condamnés et aux prévenus, en soient retirés sans délai, et soient placés, comme le veut l'article 24 de la loi du 30 juin 1838, jusqu'à ce que vous ayez pourvu à leur placement définitif dans un établissement spécial, ce que vous devrez faire le plus tôt possible. Je n'ai pas besoin de vous faire observer que l'inexécution de prescriptions légales de cette nature emporterait, pour les administrateurs de tous les degrés, une grave responsabilité.

Tout en tenant compte des embarras matériels que l'exécution des dispositions de l'article 24 peut présenter, je n'en conçois pas qui ne puissent être surmontés par une ferme volonté de pourvoir à l'exécution pleine et entière de la loi. Je ne m'expliquerais jamais que les commissions administratives d'hospices ou les maires des communes ne vous secondassent pas, en cela, de tout leur pouvoir, car il ne s'agit pas moins d'un devoir d'humanité que d'une obligation légale. Ainsi, Monsieur le Préfet, sans vous arrêter aux objections tirées de l'insuffisance des locaux, vous prescrirez aux administrateurs d'hospices d'aviser aux moyens d'assurer, le mieux qu'il se pourra faire, en raison des nécessités du service, la garde provisoire de l'aliéné qui leur serait envoyé. Si les salles de malades étaient entièrement remplies, on placerait l'aliéné dans une des salles affectées aux autres services de la maison, fût-ce au logement des employés du service intérieur, quels qu'ils soient; et, s'il était nécessaire, on le ferait garder à vue.

Des mesures analogues devront être indiquées aux maires, pour les communes où il n'existe pas d'hospices ou d'hôpitaux.

Ne perdez pas de vue, Monsieur le Préfet, que le séjour de l'aliéné, dans le cas dont nous parlons, est essentiellement provisoire, et qu'il vous appartient spécialement d'en abréger la durée par l'activité que vous mettrez à pourvoir au placement définitif du malade.

---

24 septembre 1838. — Circulaire du Ministre de l'intérieur *sur la demande des comptes de l'exercice* 1837.

Monsieur le Préfet, la loi de finances du 18 juillet 1836 a déterminé, par son article 6, les ressources au moyen desquelles il devait être fait face aux dépenses des aliénés indigents en 1837; conformément aux dispositions de cet article et à l'instruction du 5 août 1836, vous avez soumis à mon approbation la délibération que le conseil général a dû prendre à ce sujet sur votre avis. Mais ces prévisions doivent nécessairement amener un règlement de compte, et cependant vous ne l'avez point encore soumis à mon examen. Je vous invite à réparer cet oubli, dans le moindre délai possible, afin de me mettre à même de prendre une décision qui régularise la comptabilité du service dont il s'agit pour l'exercice 1837.

---

10 avril 1839. — Circulaire du Ministre de l'intérieur *sur les états de dépense et de mouvement des aliénés indigents.*

Monsieur le Préfet, au moment où vous vous occupez sans doute de faire recueillir les documents nécessaires pour établir le compte des dépenses des aliénés indigents de votre département (exercice 1838), et le soumettre ensuite à mon approbation, je crois utile de vous adresser quelques instructions sur la forme dans laquelle ce compte doit être dressé.

Ce compte, dont un modèle est ci-joint, devra présenter : 1° le nom des hospices ou établissements dans lesquels les aliénés auront été traités; 2° le nombre des journées de maladie; 3° le taux moyen du prix de la journée; 4° le montant de la dépense totale; 5° les sommes payées sur cette dépense; 6° les sommes restant encore à payer; 7° la quotité des fonds fournis par les aliénés eux-mêmes ou leurs familles, par les hospices, par les communes et par le département; 8° enfin, l'excédant de recette ou le déficit résultant de la comparaison des ressources réalisées avec les dépenses effectuées.

Vous joindrez en outre, Monsieur le Préfet, à ces indications, toutes les observations que vous jugerez utiles.

Quoiqu'il n'existe pas, dans le tableau que je vous transmets, une colonne spéciale pour chaque nature de dépenses, vous devrez y faire figurer toutes celles qui sont relatives au service des aliénés, comme les divers frais d'entretien, les frais de transport, etc., etc.

Vous remarquerez, Monsieur le Préfet, que le compte que je vous demande n'est relatif qu'aux dépenses des aliénés indigents; il ne doit pas mentionner les dépenses des aliénés dont la pension est entièrement payée, soit par eux-mêmes, soit par leurs familles. Mais il faut comprendre dans la classe des indigents tous les aliénés aux besoins desquels la charité publique est obligée de subvenir, bien que ces infortunés reçoivent de leurs familles quelques fonds ou quelques secours; c'est afin d'arriver à une plus grande régularité des comptes et à une vérification plus complète, que j'ai désiré que les sommes ainsi fournies par les familles fussent portées dans une colonne spéciale.

Dans la colonne d'observations, il sera convenable que vous rappeliez les chiffres des prévisions précédemment arrêtées pour le service dont il s'agit.

Je n'ai pas besoin de vous dire, Monsieur le Préfet, qu'à la colonne intitulée : Excédant ou déficit, vous n'aurez à laisser que l'un ou l'autre de ces mots, selon les circonstances; mais, s'il existe un déficit, vous aurez à me faire une proposition spéciale pour m'indiquer au moyen de quels fonds vous croyez pouvoir le couvrir.

Je désire, Monsieur le Préfet, qu'au compte de dépense dont

je viens de vous entretenir soit joint, comme pour les enfants trouvés et abandonnés, un état de mouvement.

Cet état, dont vous trouverez également ci-joint un modèle, devra indiquer : 1° le nom des hospices ou établissements dans lesquels les aliénés auront été reçus; 2° le nombre d'aliénés restant au dernier jour de l'année précédente; 3° le nombre d'aliénés entrés pendant le cours de l'année, soit qu'ils aient été placés d'office par vos ordres, soit que, leur état mental ne compromettant ni l'ordre ni la sûreté des personnes, ils aient été simplement admis en exécution du § 2 de l'article 25 de la loi du 30 juin 1838; 4° le nombre des aliénés sortis par décès, par guérison ou par toute autre cause; 5° le nombre d'aliénés restant au dernier jour de l'année; 6° enfin, le nombre de journées de maladie qu'ils auront fourni. Vous aurez soin de mentionner séparément le nombre des hommes et le nombre des femmes. Du reste, l'état du mouvement, comme l'état des dépenses, ne devra comprendre que les aliénés indigents.

Un troisième tableau sera destiné à présenter le mouvement général de la population de tous les aliénés répartis entre les divers établissements publics et privés du département. Un modèle de ce tableau étant joint à cette circulaire, je crois n'avoir pas besoin d'entrer, à cet égard, dans de longues explications. Vous aurez soin de faire classer séparément, ainsi que l'état l'indique : 1° les aliénés qui, pouvant par leur état mental compromettre l'ordre public et la sûreté des personnes, auront été par vous placés d'office; 2° les aliénés qui, ne présentant pas les mêmes dangers, auront été admis, aux frais du département, dans un établissement spécial, et en vertu de votre autorisation, conformément au § 2 de l'article 25 de la loi du 30 juin 1838; 3° enfin, les aliénés qui auront été placés volontairement par leurs familles et à leurs frais, sans que l'autorité ait concouru d'aucune manière à leur séquestration.

Je pense que les divers éléments de ce tableau vous seront facilement fournis par les chefs ou directeurs des différents établissements; mais je vous recommande, Monsieur le Préfet, de vérifier avec une grande attention les renseignements que vous obtiendrez ainsi, et notamment les chiffres indiquant la proportion des guérisons et des décès.

Je vous prie de vouloir bien vous occuper, sans délai, de faire dresser les trois états de dépense et de mouvement que je réclame de vous, et de me les transmettre dans le moindre délai possible. A l'avenir, ils devront m'être parvenus avant l'expiration du premier trimestre de chaque année.

DÉPARTEMENT d

État des dépenses des aliénés indigents pendant l'année 18 .

NOMS des HOSPICES.	NOMBRE des journées.	TAUX MOYEN de la journée.	MONTANT de la dépense.	SOMMES PAYÉES.	SOMMES restant à payer.	INDICATION DES FONDS EMPLOYÉS AUX PAYEMENTS				TOTAL GÉNÉRAL.	EXCÉDANT OU DÉFICIT.	OBSERVATIONS.
						Fonds fournis par les familles.	Fonds fournis par les hospices.	Fonds fournis par les communes.	Fonds fournis par le département.			

DÉPARTEMENT d

État du mouvement des aliénés indigents pendant le cours de l'année 18 .

NOMS des HOSPICES.	RESTANT au dernier jour de l'année précédente.	ENTRÉS		SORTIS PAR			RESTANT au dernier jour de l'année.	NOMBRE des journées.	OBSERVATIONS.
		placés d'office.	placés en vertu de l'art. 25, § 2, de la loi du 30 juin 1838.	décès.	guérisons.	autres causes.			

DÉPARTEMENT d

État du mouvement des aliénés pendant le cours de l'année 18 .

NOMS DES ÉTABLISSEMENTS.	SEXE des ALIÉNÉS.	ALIÉNÉS PLACÉS D'OFFICE						ALIÉNÉS ADMIS CONFORMÉMENT A L'ART. 25, § 2, de la loi du 30 juin 1838						ALIÉNÉS PLACÉS PAR LEURS FAMILLES, volontairement et à leurs frais						TOTAL des restants le dernier jour de l'année précédente.	TOTAL des restants le dernier jour de l'année.	PROPORTIONS DES DÉCÈS ET DES GUÉRISONS SUR CENT ALIÉNÉS								OBSERVATIONS
		restant le dernier jour de l'année précédente.	entrés pendant l'année.	sortis par			restant le dernier jour de l'année.	restant le dernier jour de l'année précédente.	entrés pendant l'année.	sortis par			restant le dernier jour de l'année.	restant le dernier jour de l'année précédente.	entrés pendant l'année.	sortis par			restant le dernier jour de l'année.			placés d'office.		admis d'après l'art. 25, § 2, de la loi.		placés par leurs familles et à leurs frais		en moyenne,		
				décès.	guérisons.	autres causes.				décès.	guérisons.	autres causes.				décès.	guérisons.	autres causes.				Décès.	Guérisons.	Décès.	Guérisons.	Décès.	Guérisons.	Décès.	Guérisons.	
	Hommes.																													
	Femmes.																													
	Hommes.																													
	Femmes.																													
	Hommes.																													
	Femmes.																													
	Totaux. .																													

5 août 1839. — Circulaire du Ministre de l'intérieur *concernant l'exécution des articles* 1, 25, 26, 27 *et* 28 *de la loi du* 30 *juin* 1838.

Monsieur le Préfet, l'intervalle de temps qui a séparé la promulgation de la loi du 30 juin 1838, sur les aliénés, de la dernière session des conseils généraux, a été trop court pour qu'il fût possible à l'administration supérieure de vous transmettre des instructions détaillées sur l'application des articles de cette loi, à l'exécution desquels ces conseils sont appelés à concourir. Il ne pouvait être d'ailleurs qu'avantageux d'étudier la loi dans la pratique, et d'attendre, pour régler l'exécution de ses diverses dispositions, que l'expérience eût fait connaître les principales difficultés qu'elles présenteraient.

Aujourd'hui, Monsieur le Préfet, après avoir profité de cette expérience, il faut s'occuper d'introduire plus de régularité dans cette partie de ce service important. Je signalerai, à cet effet, les applications erronées de la loi que j'ai remarquées dans quelques localités, et je résoudrai en même temps diverses questions dont la solution m'a été demandée par plusieurs de vos collègues.

L'article 1er de la loi du 30 juin 1838 impose à chaque département l'obligation d'avoir un établissement spécialement destiné à recevoir et à soigner les aliénés, ou de traiter à cet effet avec un établissement public ou privé, soit de ce département, soit d'un autre département. Dans leur dernière session, les conseils généraux ont été appelés à se prononcer pour l'une de ces alternatives, et beaucoup ont de suite exprimé leur choix; mais il en est beaucoup aussi qui ont ajourné leur détermination, soit afin de faire étudier des plans d'établissements spéciaux déjà projetés, soit afin de s'éclairer de divers renseignements sur les établissements publics ou privés avec lesquels ils pourraient traiter. Si le conseil général de votre département est de ce nombre, vous aurez, Monsieur le Préfet, à le mettre en mesure d'émettre un vote positif à cet égard.

Vous ne perdrez pas de vue que, s'il est désirable, comme je vous l'exprimais dans ma circulaire du 25 juillet 1838, que les départements s'occupent des moyens de créer des établissements spéciaux, qui se distingueraient sans doute par leur sage administration et un plus grand développement de moyens curatifs, la prudence exige que ces créations ne soient votées qu'après un mûr examen de la situation financière du département. Au milieu de toutes les nécessités sociales qui se développent, il faut craindre d'exagérer les dépenses départementales; et d'ailleurs il est bon de ne pas perdre de vue que les établissements départementaux d'aliénés ne pourraient, pour la plupart, couvrir leurs dépenses qu'autant qu'ils recevraient des pensionnaires des départements voisins : d'où la conséquence que la trop grande multiplication de ces établissements leur porterait un préjudice réciproque.

Il n'est donc nullement à souhaiter que chaque département se grève de la charge d'établir et d'entretenir un hospice spécial consacré aux aliénés. Il vaudrait mieux que plusieurs s'unissent pour fonder et entretenir un asile commun, ou que, s'il existe à une distance convenable des établissements bien organisés ou susceptibles de recevoir les développements et les améliorations nécessaires, on consentît des traités avec eux. Sans doute l'éloignement de l'asile pourra augmenter plus ou moins les frais de transport des malades; mais, d'un autre côté, le prix de journée est moins élevé dans les grands établissements que dans les petits.

Si votre département ne possédait pas d'asile public d'aliénés organisé antérieurement à la loi, vous avez été dans la nécessité, afin de pourvoir aux besoins du service, de traiter, au moins provisoirement, avec d'autres établissements. Vous devez appeler l'attention du conseil général sur les traités ainsi passés, et recueillir les observations auxquelles cet examen donnera lieu.

Beaucoup de ces traités pourraient être modifiés; beaucoup d'autres n'ont été passés que pour une année : ces observations seront donc souvent encore susceptibles d'être mises à profit.

Quant aux traités nouveaux que vous auriez à passer, ou aux traités que vous auriez à renouveler, vous aurez soin de ne jamais vous engager pour plus d'une année, ou du moins de vous réserver la faculté de résilier la convention au moyen d'un avertissement donné trois ou six mois d'avance. Il est possible que le règlement d'administration publique en ce moment soumis aux délibérations du Conseil d'État détermine, dans le service des établissements publics et dans les conditions d'existence des établissements privés consacrés au traitement des aliénés, des modifications qui devront naturellement influer, soit en plus, soit en moins, sur le prix des pensions. Dans ces circonstances, il convient de réserver tous les intérêts, en ne concluant que des traités d'une durée assez courte.

Le principal objet des traités passés avec les établissements privés est de déterminer le prix moyennant lequel les aliénés y seront reçus et traités : dans les traités passés avec les établissements publics, il n'y a, au contraire, aucune fixation de prix à stipuler. Aux termes, en effet, du paragraphe 2 de l'article 26 de la loi du 30 juin 1838, la dépense de l'entretien, du séjour et du traitement des personnes placées dans les hospices ou établissements publics d'aliénés, doit être réglée d'après un tarif arrêté par le préfet. Ce n'est que conformément au prix ainsi réglé que les placements peuvent être opérés.

Si, dans votre département, il existe quelque établissement public affecté au traitement des aliénés, vous aurez donc, Monsieur le Préfet, à prendre un arrêté pour fixer un tarif des dépenses d'entretien, de séjour et de traitement des personnes qui y seront admises. Avant de prendre cet arrêté, vous inviterez la commission administrative de l'asile à vous communiquer ses observations et son avis : vous entendrez également l'avis du conseil général; mais je dois vous faire remarquer que c'est à vous seul qu'il appartient de statuer.

Quelques conseils généraux ont cru pouvoir régler par des délibérations le prix de la pension des aliénés dans les établissements publics de leur département : ces conseils ont évidemment outrepassé leurs attributions, et vous ne devrez considérer ces délibérations que comme des avis, qui vous laissent encore à prendre un arrêté pour la fixation du tarif, conformément à l'article 26 précité de la loi du 30 juin.

Quant à la formation même de ce tarif, je dois vous faire remarquer que rien ne s'oppose à ce qu'il établisse diverses classes et divers prix de pensions. Ainsi, un prix pourra être fixé pour les aliénés placés aux frais du département, et un prix un peu plus élevé pour les aliénés placés aux frais des familles ou des départements étrangers. Dans les établissements qui recevront des pensionnaires placés volontairement, il conviendra même de fixer, pour ces aliénés, des classes et des prix spéciaux, qui permettent autant que possible de les entourer de toutes les commodités et de tous les agréments compatibles avec leur position, et qui en même temps procurent à l'établissement un bénéfice raisonnable. Les familles resteront libres de choisir, dans ces limites, la classe qu'elles préféreront.

Les arrêtés pris par les préfets pour régler les tarifs du prix de l'entretien, du séjour et du traitement des personnes placées dans les établissements publics d'aliénés, n'ont pas besoin d'être revêtus de mon approbation. Ce ne serait que dans le cas où quelque réclamation contre les dispositions de ces arrêtés s'élèverait et serait portée devant moi que j'en connaîtrais. Toutefois, Monsieur le Préfet, je vous prie de vouloir bien m'adresser, à titre de renseignements, une expédition des arrêtés que vous prendrez sur cet objet.

Vous savez, Monsieur le Préfet, que la dépense du transport des personnes dirigées par l'administration sur les établissements d'aliénés doit être également arrêtée par vous, sur le mémoire des agents préposés à ce transport, lorsque cette dépense ne se trouve pas comprise dans le prix de la pension à payer à l'établissement.

Aux termes de l'article 24 de la loi, les hospices et hôpitaux civils sont tenus de recevoir provisoirement les personnes qui leur sont adressées par l'autorité publique, jusqu'à ce qu'elles soient dirigées sur l'établissement spécial destiné à les recevoir, ou pendant le trajet qu'elles font pour s'y rendre. Dans toutes les communes où il existe des hospices ou hôpitaux, les aliénés ne peuvent être déposés ailleurs que dans ces hospices ou hôpitaux; dans les lieux où il n'en existe pas, les maires doivent pourvoir à leur logement, soit dans une hôtellerie, soit dans un local loué à cet effet. Je me réfère sur ce point à la circulaire du 18 septembre 1838, en vous en recommandant l'exécution ponctuelle.

Mais plusieurs préfets m'ont demandé si les frais occasionnés ainsi aux hospices et aux communes, par le séjour provisoire des aliénés, doivent rester à la charge de ces communes et de ces hospices, ou leur être remboursés.

Il faut à cet égard faire une distinction.

Au nombre des hospices ou hôpitaux dans lesquels les aliénés sont déposés provisoirement jusqu'à la décision préfectorale qui ordonne leur placement, ou dans lesquels ils séjournent en passant, dans le cours de leur trajet à l'asile destiné à les recevoir définitivement, il en est qui ont été obligés de faire approprier des locaux ou construire des cellules spéciales affectées à ce service. La dépense de ces constructions étant, pour ces hospices, la suite nécessaire de l'obligation nouvelle que la loi leur a imposée, cette dépense doit rester à leur charge exclusive. Si elle était trop onéreuse pour eux, vous pourriez seulement demander au conseil général de leur allouer, à titre de secours, une indemnité sur laquelle je statuerais ultérieurement.

Mais la même solution ne doit pas être appliquée aux dépenses de nourriture ou autres qu'occasionnent aux hospices dont il s'agit les aliénés qui y sont transitoirement déposés. Vous devez, Monsieur le Préfet, fixer le taux de ces dépenses, en arrêtant, conformément à l'article 26 de la loi du 30 juin 1838, un prix moyen de journée; et le nombre de journées d'aliénés que chaque hospice aura supporté devra lui être remboursé.

Les communes devront être également remboursées des dépenses de même nature qu'elles auront été obligées d'effectuer, pour le logement des aliénés de passage, dans des hôtelleries ou dans des locaux loués à cet effet.

Le montant des sommes employées à ces remboursements, ainsi que le montant des frais de transport, sera ajouté aux frais ordinaires d'entretien de l'aliéné, et payé, comme ces derniers, savoir : par l'aliéné, par sa famille, ou enfin par le département, sauf le concours de la commune du domicile.

Vous aurez soin, Monsieur le Préfet, d'appeler l'attention du conseil général sur les dispositions du paragraphe 2 de l'article 25 de la loi; dans plusieurs départements, ces dispositions paraissent n'avoir pas été complétement comprises.

Tout aliéné dangereux doit d'abord, dans un intérêt de sûreté générale, être séquestré; et, s'il ne possède aucune ressource, il doit être traité aux frais de l'administration publique.

Mais l'obligation des départements ne s'arrête point là : la loi du 30 juin 1838 n'est pas seulement une loi de police, c'est aussi une loi de bienfaisance. Il est des aliénés dont la condition est trop déplorable, quoiqu'ils ne menacent point la sécurité des citoyens, pour que la société ne leur vienne pas en aide. Tous ceux surtout qui sont en proie aux premiers accès d'un mal que l'art peut dissiper, doivent être admis à recevoir les secours de la science et de la charité. Lorsque, sur tous les points de notre territoire, des hôpitaux sont ouverts aux diverses maladies qui affligent l'humanité, la plus cruelle de toutes, l'aliénation mentale, ne saurait être privée de ce bienfait.

Sans doute, Monsieur le Préfet, il ne faut pas ouvrir indistinctement les asiles créés ou subventionnés par les départements à quiconque y serait présenté comme aliéné : une telle facilité donnerait lieu aux plus graves abus, et elle compromettrait les finances départementales. Les communes, pour se débarrasser du fardeau de leurs pauvres; les familles, pour se soustraire à leurs charges domestiques, ne manqueraient pas d'imposer au département, comme atteints d'aliénation mentale, tous les indigents incapables de subvenir à leur existence, et chez lesquels le moindre défaut d'intelligence pourrait servir de prétexte; mais il ne faudrait pas, par un excès opposé, trouver, dans la crainte de l'abus, un motif de ne ménager aucun secours aux aliénés paisibles. Des mesures doivent être prises pour que du moins les aliénés les plus nécessiteux de cette catégorie, et particulièrement ceux dont la raison n'est pas irrévocablement détruite, obtiennent un traitement immédiat et complet.

Telle est la règle que le législateur a entendu tracer; telle est l'interprétation qui, dans les débats parlementaires, a été formellement donnée à l'article 25 de la loi du 30 juin 1838. Ce n'est qu'en la subordonnant à ces principes que cette loi a délégué aux conseils généraux la faculté de prendre, pour l'admission des aliénés non dangereux, les mesures convenables, et qu'elle a statué que ces aliénés seraient admis, dans les formes, dans les circonstances et aux conditions qui seraient réglées par ces conseils, sur la proposition du préfet, et approuvées par le ministre.

Il faut d'ailleurs remarquer encore qu'il est beaucoup d'aliénés qui, malgré un caractère paisible et des habitudes douces et tranquilles, n'en sont pas moins dangereux, si leurs familles ne sont pas en position d'exercer ou de faire exercer sur eux une surveillance continuelle. C'est ainsi que l'expérience de l'administration et des tribunaux démontre qu'un très-grand nombre d'incendies et d'autres malheurs ont été occasionnés par des insensés, d'ailleurs inoffensifs, et que, par cela même, on laissait errer en liberté.

Enfin il faut remarquer que, chez une grande partie des aliénés, la maladie, soignée dans les premiers temps, cède aux efforts de l'art; tandis que, plus tard, elle devient incurable. Tel aliéné qu'aurait guéri un traitement de quelques mois, risque, si ce traitement ne lui est pas donné assez tôt, de devenir à jamais fou et furieux, et par conséquent de tomber pour toute sa vie à la charge de la charité publique. Sous ce rapport encore, les prescriptions de la loi se trouvent d'accord avec les vœux de l'humanité et avec les conseils d'une économie éclairée.

Des places doivent donc être fondées dans les établissements aux frais des départements; d'abord, pour tous les aliénés dangereux qu'il pourra être nécessaire de séquestrer; en second lieu, pour tous les aliénés qui, bien que leur état mental ne compromette point l'ordre public ou la sûreté des personnes, présentent des probabilités de guérison; enfin, en dernier lieu et autant que possible, pour les aliénés dont la position malheureuse appelle les secours publics.

C'est en ce sens que les conseils généraux auront à s'occuper de l'exécution de l'article 25 de la loi du 30 juin 1838. A part les circonstances générales qui peuvent déterminer l'admission des aliénés non dangereux, il est évident que les principales conditions sur lesquelles il conviendra de s'arrêter, seront de constater que les malades admis à titre d'aliénés ont réellement perdu la raison, et de faire rechercher avec soin si ces malades ou leurs familles ne possèdent pas des ressources sur lesquelles puissent être acquittés les frais de leur traitement et de leur entretien. Les conseils généraux pourront encore, s'ils le jugent convenable, stipuler que les communes du domicile de ces aliénés payeront dans leur dépense une portion plus forte que dans la dépense des aliénés dangereux plaçés d'office, pourvu toutefois que ce concours des communes ne dépasse pas les limites qui ont été dans l'intention de la loi, et dont je vous entretiendrai bientôt.

Mais ces conseils ne doivent point exiger des conditions qui rendraient les admissions impossibles, ou qui, en y apportant de trop longs retards, leur feraient perdre leur plus grande utilité.

Ainsi il ne convient pas d'exiger, comme quelques départements l'ont proposé, que la famille de l'aliéné ou qu'une personne solvable prenne l'engagement de payer sa pension. Les familles qui peuvent payer une pension pour leur parent atteint d'aliénation trouvent toujours les moyens de le faire traiter, et n'ont pas besoin pour cela de recourir à l'intervention des départements et de l'autorité publique. C'est des indigents que le législateur s'est préoccupé; c'est pour eux qu'il a inscrit dans la loi les dispositions bienfaisantes de l'article 25. Ce serait méconnaître entièrement l'esprit et le sens de cet article, et en quelque sorte l'effacer de la loi, que de priver les indigents de son application, et de la restreindre aux aliénés pour lesquels l'engagement serait souscrit de payer une pension.

Il ne convient pas non plus d'exiger, comme on l'a aussi demandé, que les admissions fussent, avant d'être prononcées, soumises individuellement à l'examen des conseils généraux. Il résulterait d'une semblable clause que les admissions n'auraient lieu qu'une fois par an, et que des aliénés seraient exposés à manquer de traitement pendant huit, dix ou onze mois; ce qui laisserait la maladie s'aggraver et devenir le plus souvent incurable. Ce serait d'ailleurs immiscer le conseil général dans une mesure qui appartient en propre à l'administration active.

Il ne convient pas d'exiger, comme d'autres conseils généraux l'avaient demandé, que, préalablement à l'admission, il soit constaté qu'aucun des ascendants et descendants de l'aliéné à placer n'est en état de pourvoir à son entretien. Souvent les malheureux auxquels il y a lieu d'appliquer l'article 25 de la loi sont éloignés de leur famille, et il leur serait impossible, à raison même du dérangement de leurs facultés mentales, d'indiquer le domicile de tous leurs ascendants et descendants. Les certificats à produire entraîneraient, d'ailleurs, dans presque tous les cas, des délais beaucoup trop longs; et enfin le département conserve toujours son recours contre ceux des parents qui pourraient être découverts.

Il ne convient pas davantage d'exiger des communes un engagement spécial pour le payement d'une partie de la dépense, ni d'appeler d'aucune façon les conseils municipaux à délibérer sur les admissions. Des engagements spéciaux sont inutiles, puisque les communes sont obligées de concourir, conformément aux proportions fixées par le conseil général et approuvées par le Gouvernement, ainsi que le prescrit l'article 28 de la loi. En exigeant que les conseils municipaux fussent appelés à délibérer sur l'admission des aliénés, on s'exposerait à de fâcheux retards. Il faudrait, en effet, toujours des délais assez longs pour que ces conseils fussent autorisés à se réunir, qu'ils fussent convoqués, qu'ils prissent une délibération et qu'elle fût transmise à la préfecture. Ces convocations pourraient, d'ailleurs, dans les grandes communes, devenir assez fréquentes, et fatiguer inutilement le zèle des magistrats municipaux. Enfin, il semble même que le placement d'un aliéné n'étant qu'une mesure d'administration, il n'y a lieu, en aucun cas, d'après l'ensemble et l'esprit de notre législation, à faire délibérer un conseil municipal sur un semblable objet.

Vous présenterez ces observations, Monsieur le Préfet, au conseil général de votre département, et vous soumettrez en même temps à son examen l'arrêté que vous aurez déjà dû prendre pour l'admission des aliénés non dangereux. Le conseil pourra facilement ainsi indiquer les modifications qu'il désirera voir apporter à cet arrêté, ou les dispositions du nouveau règlement à y substituer.

Vous aurez, après la délibération du conseil général, à convertir cette délibération en arrêté préfectoral, afin de lui donner la forme exécutoire. Vous me transmettrez ensuite cet arrêté en double expédition; l'une de ces expéditions vous sera renvoyée revêtue, s'il y a lieu, de mon approbation; l'autre est destinée à demeurer déposée dans mes bureaux.

Je ne pense pas, Monsieur le Préfet, avoir besoin de prévoir le cas où, malgré les observations qui précèdent, le conseil général se refuserait à consentir l'admission, soit dans l'asile départemental, soit dans l'établissement avec lequel le département aurait traité, des aliénés non dangereux, ou bien s'abstiendrait de voter sur les circonstances, les formes et les conditions de l'admission. Un semblable refus, pas plus qu'une semblable omission, ne sauraient priver du bénéfice des dispositions du paragraphe 2 de l'article 25 de la loi les infortunés au secours desquels le législateur a entendu venir. Vous devriez donc, le cas échéant, arrêter d'office un règlement que vous soumettriez à mon approbation.

Les articles 27 et 28 de la loi du 30 juin 1838 règlent comment et par qui doivent être payées les dépenses des aliénés. Ces dépenses sont d'abord à la charge des personnes placées; à défaut, à la charge de ceux auxquels il peut être demandé des aliments, aux termes des articles 205 et suivants du Code civil; enfin, à défaut ou en cas d'insuffisance de ces ressources, à la charge de la charité publique, c'est-à-dire, suivant diverses distinctions, des départements, des communes et des hospices.

La dépense de l'aliéné doit donc être exclusivement à sa charge, tant que ses ressources peuvent y suffire; il n'y a point à distinguer, à cet égard, entre les intérêts ou les produits des capitaux appartenant à l'aliéné et ces capitaux eux-mêmes. Ces principes ne peuvent être contestés. Cependant ne conviendrait-il pas d'y admettre quelques dérogations, dans le cas où les revenus de l'aliéné seraient absorbés par les besoins de sa famille, que plongerait dans la détresse l'application stricte de la règle tracée par la loi? Si les principes qui viennent d'être rappelés sont conformes au droit, à la justice, à l'équité même, il faut reconnaître que, dans la pratique, l'application pourrait en devenir trop rigoureuse, s'il n'était laissé à cet égard une certaine latitude aux administrateurs, dispensateurs des deniers des pauvres et des contribuables. La loi n'a pu, et je ne puis pas davantage moi-même, vous tracer à ce sujet une règle absolue, qui ne tarderait pas à être invoquée comme créant un droit, et qui donnerait naissance à une foule d'abus. Mais lorsque, en pleine connaissance de cause, vous penserez qu'il existe des motifs particuliers et assez graves pour ne pas exiger le payement, en totalité ou en partie, de la dépense d'un aliéné sur ses propres ressources, vous me ferez à ce sujet une proposition spéciale, sur laquelle je statuerai.

Quand les biens personnels de l'insensé sont insuffisants pour pourvoir aux frais de son entretien et de son traitement, vous ferez rechercher, Monsieur le Préfet, si, parmi ses parents, il en est à qui des aliments puissent être demandés, et vous apprécierez, conformément aux règles du droit civil, dans quelle proportion et jusqu'à concurrence de quelle somme ces aliments devront être réclamés de chacun d'eux. Vous ne perdrez pas de vue que la fixation du chiffre réglé par vous sera toujours susceptible de modification, d'après les changements qui surviendraient dans la position des débiteurs, puisque les aliments ne sont accordés par la loi que dans la proportion du besoin de celui qui les réclame et de la fortune de celui qui les doit. Au surplus, en cas de contestation, soit sur l'obligation de fournir des aliments, soit sur leur quotité, il sera statué par les tribunaux, à la diligence de l'administrateur provisoire désigné en exécution des articles 31 et 32 de la loi du 30 juin 1838.

Enfin, à défaut ou en cas d'insuffisance des ressources des aliénés et de leurs familles, la dépense de leur entretien tombe à la charge des hospices, des communes ou des départements. C'est surtout sur ce point, Monsieur le Préfet, que j'appelle votre attention.

Les lois de finances de 1836 et 1837, en assimilant les dépenses pour les aliénés indigents aux dépenses variables départementales, les avaient mises à la charge des départements, mais sans préjudice du concours de la commune du domicile de l'aliéné, et sans préjudice également du concours des hospices.

La loi du 30 juin 1838 a changé cet état de choses, en ce qui concerne les hospices. Ces établissements ne peuvent plus être appelés à fournir, à proprement parler, un concours; on ne peut réclamer d'eux qu'une indemnité proportionnée au nombre des aliénés dont le traitement ou l'entretien était à leur charge; et ces établissements, dans le cas où ils penseraient que l'indemnité qui leur est demandée est exagérée, ont le droit de se pourvoir devant le conseil de préfecture, et de faire statuer par ce tribunal administratif.

Les hospices qui recevaient des aliénés devront donc, s'ils y sont autorisés, continuer de les recevoir, en même nombre et de la même manière. Quant à ceux qui n'obtiendraient pas cette autorisation, et à ceux qui subvenaient à l'entretien d'un certain nombre d'aliénés dans d'autres établissements, une circulaire de mon ministère, en date du 23 juillet dernier, a expliqué que, pour déterminer l'indemnité à payer par eux, il faudrait relever, d'après leurs comptes et leurs registres, la portion de dépense qu'ils ont supportée jusqu'à ce moment, soit en vertu du titre de leur fondation, soit par la volonté spéciale des donateurs, soit par suite d'un usage constant et reconnu.

Relativement aux hospices qui ne se trouvent dans aucune de ces circonstances, il ne peut être rien exigé d'eux. Il en est de même de ceux qui n'entretenaient des aliénés que parce que la pension de ces infortunés leur était payée par une ville, et de ceux qui, servant simplement d'intermédiaires, ne faisaient que transmettre à des établissements spéciaux les sommes qu'ils recevaient d'une commune pour le payement du prix des pensions des aliénés appartenant à cette commune. Ces hospices, en effet, ne supportaient aucune charge, et leur position ne doit pas être aggravée.

Vous aurez donc, Monsieur le Préfet, à faire procéder, sur les registres de tous les hospices de votre département, au relevé indiqué ci-dessus, afin de déterminer pour chacun d'eux quelle est l'indemnité qui doit lui être demandée, en proportion du nombre des aliénés dont l'entretien ou le traitement était à sa charge. Vous notifierez ensuite à chaque établissement un arrêté indiquant quelle est la somme qu'il devra payer, et votre arrêté à ce sujet sera exécutoire, tant que le conseil de préfecture n'aura pas statué sur l'obligation de l'établissement.

Les communes continuent à être tenues de concourir à la dépense de leurs aliénés indigents, d'après les bases proposées par le conseil général, sur votre avis, et approuvées par le Gouvernement. Mais vous savez que le concours des communes doit s'entendre dans le sens d'une subvention équitable, et non pas de manière à laisser la dépense tout entière à la charge des caisses municipales. Le mot *concours* n'exprime, en effet, que l'idée d'une subvention subsidiaire. Les discussions qui ont eu lieu au sein des Chambres législatives, lors de la confection de la loi du 30 juin

1838, ne permettent d'ailleurs aucun doute à cet égard. Il a été formellement reconnu et plusieurs fois exprimé que la dépense des aliénés était en principe essentiellement départementale, et que le département devait toujours en payer la plus grande partie. On fit observer avec raison que cette dépense pouvait, par l'effet du hasard qui accumulerait plusieurs aliénés dans la même localité, devenir trop considérable pour être laissée principalement à la charge des communes, d'autant plus que la dépense de ces infortunés se prolonge souvent pendant plusieurs années.

La loi toutefois n'a pas fixé la proportion du concours à exiger des communes; il était impossible de poser une règle générale applicable à tous les départements et surtout à toutes les communes, dont la situation varie à l'infini. Il a été réservé aux conseils généraux de déterminer les bases applicables à chaque portion du territoire; eux seuls peuvent apprécier convenablement les diverses circonstances qui doivent influer sur le partage de la dépense. Mais, comme il appartient au Gouvernement de rendre définitivement exécutoires par son approbation les délibérations prises à cet égard par les conseils généraux, il me paraît utile d'indiquer dès à présent quelques principes qui pourront servir à établir la jurisprudence commune de ces conseils et de l'administration.

La base du revenu communal vous paraîtra sans doute comme à moi, Monsieur le Préfet, la plus équitable, et en même temps celle qui, dans la pratique, offrira le moins de difficultés d'application. On pourrait, à cet effet, admettre entre les communes différentes catégories, de manière, par exemple, à ce que celles de cent mille francs de revenus et au-dessus supporteraient un tiers de la dépense de leurs aliénés indigents; celles de cinquante mille francs et au-dessus supporteraient un quart; celles de vingt mille francs et au-dessus, un cinquième; celles de cinq mille francs et au-dessus, un sixième; les communes au-dessous de cinq mille francs de revenus ne seraient appelées à concourir à la dépense que dans une proportion moindre qu'un sixième, et qu'autant qu'elles pourraient fournir ce concours sans compromettre leurs autres services.

Ces limites me sembleraient concilier tous les intérêts. Cependant le droit de dégrever certaines communes de toute espèce de concours ne doit être exercé qu'avec une sage réserve. Il ne convient pas que les communes soient sans aucun intérêt dans la dépense de leurs aliénés; on s'exposerait autrement à grever le département de l'obligation d'entretenir tous les indigents que ces communes feraient recevoir comme aliénés, et tous les aliénés qu'elles présenteraient comme indigents, dégagées qu'elles seraient de toute part de la dépense. Il suffit, en maintenant le principe du concours, de le réduire dans des limites équitables, et de n'exempter que les communes qui sont réellement hors d'état de subvenir à la dépense.

Après avoir établi les bases générales du concours des communes à la dépense des aliénés indigents, il me reste à vous entretenir du mode à suivre pour l'application de ces bases aux diverses communes.

Dans quelques départements, le concours des communes a été réglé d'après des états de répartition indiquant seulement celles qui, au moment de la session du conseil général, avaient des aliénés indigents. Ce mode de procéder offre plusieurs inconvénients : si, par exemple, une commune dont le nom n'a pas été compris dans le tableau vient à avoir un aliéné, la base du concours n'ayant pas été arrêtée pour elle, il ne peut lui être rien demandé; en second lieu, le concours étant réglé, non d'après des bases générales, mais par des décisions pour ainsi dire individuelles, il donne lieu à beaucoup plus de critiques et de réclamations.

La dépense de chaque aliéné étant susceptible de varier, une partie pouvant d'ailleurs en être payée, soit par l'aliéné, soit par sa famille, il n'est pas régulier, dans les états de répartition, d'arrêter que telle commune fournira telle somme fixe par aliéné : cette somme, ainsi fixée, pourrait représenter une partie plus ou moins considérable de la dépense; il importe donc que le conseil général détermine plutôt la proportion selon laquelle la commune devra concourir à cette dépense, quel qu'en soit le montant.

Je pense, Monsieur le Préfet, que la meilleure marche à suivre consiste à déterminer d'abord quelles sont les communes qui doivent, s'il y a lieu, être exemptées de tout concours; puis, après cette première distinction établie, à diviser les communes susceptibles de concourir en diverses catégories, suivant ce qui a été indiqué ci-dessus, et à fixer la proportion du concours à exiger des communes placées dans chacune de ces catégories. Vous ferez en même temps une évaluation approximative des sommes qui devront résulter de ces bases de concours, d'après le nombre et l'origine des aliénés existant déjà, et de ceux que vous présumerez devoir être placés jusqu'à la fin de l'année.

Les communes étant exposées à subir des pertes et des dépenses accidentelles et imprévues, et, d'un autre côté, plusieurs cas d'aliénation mentale pouvant se déclarer souvent dans la même famille, il a paru bon, en général, de laisser au préfet, même après la répartition opérée, la faculté de dispenser du concours, en totalité ou en partie, mais seulement pour des motifs graves et sous mon autorisation, les communes qu'il déterminera. Je ne doute pas que le conseil général de votre département ne soit porté à vous donner cette marque de confiance.

La partie de la dépense qui ne sera pas mise à la charge des communes devra naturellement être acquittée par le département.

Beaucoup de communes accordaient à leurs hospices une subvention pour l'entretien des aliénés qu'elles y plaçaient : ces subventions ne doivent plus figurer dans les budgets municipaux.

En effet, si l'hospice est tenu de recevoir les aliénés, et s'il a des ressources suffisantes pour pourvoir à leur traitement, la commune ne doit rien payer; si l'hospice n'est pas obligé de recevoir les insensés, ou si ses ressources sont insuffisantes, la commune ne doit pas, au moyen d'une subvention, se grever exclusivement d'une dépense dont la plus forte partie doit tomber à la charge du département. Ce que les communes doivent acquitter pour la dépense de leurs aliénés, elles doivent d'ailleurs l'acquitter directement : ce serait compliquer inutilement la comptabilité, et procéder d'une manière tout à fait irrégulière que d'en payer une partie directement, et une partie indirectement par une subvention. L'allocation en bloc et en quelque sorte à forfait, d'une subvention ne permettrait pas, en outre, d'apprécier si le concours de la commune a lieu conformément aux proportions arrêtées.

La dépense des aliénés ne se répartit pas uniformément, comme celle des enfants trouvés, par exemple : elle se répartit et se solde individuellement par aliéné. C'est donc à l'hospice et à la commune du domicile de chaque aliéné que doivent être réclamés l'indemnité et le concours qui peuvent être dus. Il faut entendre ici par le domicile de l'aliéné, non le domicile civil, tel qu'il est établi par les dispositions des articles 102 et suivants du Code civil, mais le domicile de secours, tel qu'il est réglé par le titre V de la loi du 24 vendémiaire an II, et par les instructions et décisions administratives données en exécution de cette loi.

Vous remarquerez, Monsieur le Préfet, que les subventions à demander aux hospices ou aux communes, pour la dépense des aliénés, sont de nature différente : les unes, celles à réclamer des hospices, reposent sur une véritable dette, sur une obligation formelle, et dès lors elles doivent, dès qu'il y a lieu, être toujours exigées; les autres, au contraire, sont fondées sur un concours discrétionnaire qui peut être ou ne pas être imposé aux communes. Conséquemment, lorsqu'il s'agit de subvenir à la dépense d'un aliéné, on doit s'adresser d'abord à l'hospice sur lequel on peut faire peser l'obligation de pourvoir à cette dépense, et ce n'est qu'autant qu'il n'y serait pas fait face par ce moyen qu'on peut exercer un recours subsidiaire contre la commune.

Par suite, lorsqu'une commune possède un hospice, ou lorsqu'il existe dans un hospice une fondation faite au profit d'une commune, l'indemnité payée par cet hospice pour l'entretien des aliénés de la commune doit profiter à cette commune et tourner à sa décharge ; en ce qu'elle ne doit être appelée à payer que le surplus de la portion de la dépense mise à sa charge, qui ne serait pas couverte par l'indemnité déjà acquittée par l'hospice. Si, contrairement à l'hypothèse ci-dessus, la fondation supposée avait été faite au profit de plusieurs communes, ou si l'hospice était dans l'usage constant et reconnu de recevoir et de traiter les aliénés de plusieurs communes, par exemple, de toutes les communes du canton, il conviendrait de répartir l'indemnité payée par cet hospice sur la portion des pensions de tous les aliénés appartenant à ces communes mise à leur charge, et de les en faire ainsi toutes également profiter.

J'ai déjà eu l'occasion de vous parler, Monsieur le Préfet, des hospices qui, ne remplissant en quelque sorte que le rôle d'intermédiaires, ne font que transmettre aux asiles spéciaux les sommes qu'ils reçoivent des villes ou des communes, pour vous dire qu'aucune indemnité ne pouvait être exigée de ces hospices à ce titre seul. Je dois ajouter qu'il ne convient même pas de laisser continuer cet état de choses. Il est beaucoup plus simple et plus naturel que ces villes ou ces communes payent directement aux asiles la pension de leurs aliénés qui y sont entretenus.

Les règles qui viennent d'être exposées sont applicables aussi bien aux aliénés placés antérieurement à la promulgation de la loi du 30 juin 1838 qu'à ceux placés depuis cette époque, et aux aliénés dangereux, placés en exécution des articles 18 et 19, qu'aux aliénés non dangereux admis conformément au paragraphe 2 de l'article 25 de cette loi. Du reste, pour les uns comme pour les autres, il résulte suffisamment de tout ce qui précède qu'il n'y a lieu de répartir, entre le département et les communes ou les hospices, que la portion de leur dépense qui n'est pas acquittée par ces aliénés ou par leurs familles.

Dans le rapport que vous présenterez au conseil général, à sa prochaine session, sur le service dont il s'agit, vous lui ferez connaître, Monsieur le Préfet, aussi exactement que possible, le nombre des aliénés, dangereux ou non dangereux, existant dans votre département (en outre de ceux déjà placés), et au secours desquels il y aurait lieu de venir; le nombre de ceux que la situation financière du département et des communes vous paraîtra permettre de secourir pendant l'exercice prochain; le prix moyen de la pension à payer; la somme à laquelle s'élèverait la dépense totale; les sommes que vous présumez devoir être fournies par les familles; les proportions dans lesquelles les communes pourraient être appelées à concourir au surplus de la dépense; la somme qui résulterait approximativement de leur concours ainsi réglé; la partie de cette somme qui serait acquittée par les hospices; enfin le montant de la somme qui resterait à acquitter par le département sur ses centimes ordinaires ou facultatifs.

Vous me transmettrez ensuite une expédition de ce rapport, une expédition des délibérations prises par le conseil général, votre avis sur ces délibérations, un état indiquant les proportions du concours réclamé des communes, et un second état indiquant les prévisions des dépenses à effectuer et les ressources destinées à les couvrir. Ces deux états devront être dressés conformément aux modèles que vous trouverez à la fin de la présente instruction.

Si quelques dépenses extraordinaires étaient votées par le conseil général, comme pour études de projet, construction d'asile, acquisition de jardin ou de terrains, indemnités aux hospices de passage pour construction ou appropriation de locaux ou cellules, etc., vous ne devriez les comprendre, ni dans les prévisions ordinaires, ni dans l'état de ces prévisions. Vous devriez les soumettre à mon approbation par un envoi distinct et séparé, dans lequel vous me feriez connaître les ressources destinées à faire face à ces dépenses, et auquel vous joindriez également un extrait de votre rapport, un extrait de la délibération du conseil général, et votre avis sur cet objet spécial.

Je vous recommande, Monsieur le Préfet, de me transmettre les prévisions ci-dessus le plus tôt qu'il vous sera possible, après la session du conseil général; je tiens à ce qu'elles me parviennent au plus tard dans le mois qui suivra. Le service dont il s'agit n'étant pas encore bien organisé, j'ai souvent à prendre auprès de vous des renseignements sur vos propositions; d'autre part, les bases du concours des communes doivent être approuvées par ordonnance royale, et ce n'est qu'après cette approbation que les prévisions peuvent être définitivement réglées; et cependant il importe qu'elles le soient toujours avant l'ouverture de l'exercice.

En résumé, vous devrez donc, Monsieur le Préfet, m'adresser, après la session du conseil général, relativement au service des aliénés :

1° Les projets de traités en double expédition, que vous vous proposez de passer ou de renouveler, pour le placement des aliénés indigents de votre département, soit avec des établissements publics, soit avec des établissements privés; ou, si vous êtes lié par des traités déjà existants, les observations du conseil général sur ces traités et sur les modifications qu'il conviendrait d'y apporter;

2° Les arrêtés que vous aurez pris à l'effet de régler, pour l'exercice prochain, conformément au paragraphe 2 de l'article 26 de la loi du 30 juin 1838, la dépense de l'entretien, du séjour et du traitement des personnes placées dans les établissements publics d'aliénés de votre département;

3° L'arrêté que vous aurez pris pour régler, pendant le même exercice, conformément à l'article 26 précité, les prix de journées à payer aux divers hospices dépositaires de votre département, pour le séjour provisoire des aliénés de passage dans ces hospices;

4° L'arrêté, en double expédition, que vous aurez pris pour régler, conformément au paragraphe 2 de l'article 25 de la loi, les formes, les circonstances et les conditions dans lesquelles les aliénés dont l'état mental ne compromettrait point l'ordre public ou la sûreté des personnes pourront être admis dans les établissements départementaux ou dans les établissements avec lesquels le département aura traité;

5° L'état des proportions du concours réclamé des communes dans la dépense de leurs aliénés indigents, et l'état des prévisions de la dépense totale pour l'exercice prochain; ces états accompagnés de l'extrait de votre rapport au conseil général, des délibérations de ce conseil, et de votre avis;

6° Les propositions de dépenses extraordinaires qui auront été votées relativement au même service.

Je vous recommande particulièrement, Monsieur le Préfet, de vouloir bien me faire, pour chacun des objets ci-dessus, un envoi distinct et séparé. L'inobservation de cette règle entraîne trop souvent, dans l'instruction des affaires, des erreurs et des retards préjudiciables.

Vous savez que ces divers envois sont indépendants de celui du budget départemental, et que toutes les dépenses relatives au service des aliénés doivent, avant de pouvoir être effectuées, avoir reçu de moi une approbation spéciale, que l'approbation générale du budget du département ne saurait nullement suppléer.

Veuillez, Monsieur le Préfet, m'accuser réception de cette circulaire, et en suivre exactement les indications.

---

18 décembre 1839. — Ordonnance *portant règlement sur les établissements publics et privés consacrés aux aliénés.*

Louis-Philippe, roi des Français,

A tous présents et à venir, salut :

Sur le rapport de notre ministre secrétaire d'État au département de l'intérieur;

Vu la loi du 30 juin 1838, sur les aliénés;

Vu notamment l'article 2, ainsi conçu : « Les établissements « publics consacrés aux aliénés sont placés sous la direction de « l'autorité publique; »

Vu l'article 3 de la même loi, qui porte : « Les établissements « privés consacrés aux aliénés sont placés sous la surveillance « de l'autorité publique; »

Vu l'article 5 de la même loi, ainsi conçu : « Nul ne pourra « diriger ni former un établissement privé consacré aux aliénés « sans l'autorisation du Gouvernement; »

Vu l'article 6 de la même loi, qui porte : « Des règlements « d'administration publique détermineront les conditions aux- « quelles seront accordées les autorisations énoncées dans l'ar- « ticle précédent, les cas où elles pourront être retirées, et les « obligations auxquelles seront soumis les établissements auto- « risés; »

Vu l'article 7 de la même loi, qui porte : « Les règlements

« intérieurs des établissements publics consacrés, en tout ou en « partie, au service des aliénés seront, dans les dispositions « relatives à ce service, soumis à l'approbation du ministre de « l'intérieur; »

Notre Conseil d'État entendu,

Nous avons ordonné et ordonnons ce qui suit :

TITRE Ier. — DES ÉTABLISSEMENTS PUBLICS CONSACRÉS AUX ALIÉNÉS.

ART. 1er. — Les établissements publics consacrés au service des aliénés seront administrés, sous l'autorité de notre ministre secrétaire d'État au département de l'intérieur et des préfets des départements, et sous la surveillance de commissions gratuites, par un directeur responsable, dont les attributions seront ci-après déterminées.

ART. 2. — Les commissions de surveillance seront composées de cinq membres, nommés par les préfets, et renouvelés chaque année par cinquième.

Les membres des commissions de surveillance ne pourront être révoqués que par notre ministre de l'intérieur, sur le rapport du préfet.

Chaque année, après le renouvellement, les commissions nommeront leur président et leur secrétaire.

ART. 3. — Les directeurs et les médecins en chef et adjoints seront nommés par notre ministre secrétaire d'État au département de l'intérieur, directement pour la première fois, et, pour les vacances suivantes, sur une liste de trois candidats présentés par les préfets.

Pourront aussi être appelés aux places vacantes, concurremment avec les candidats présentés par les préfets, les directeurs et les médecins en chef ou adjoints qui auront exercé leurs fonctions pendant trois ans dans d'autres établissements d'aliénés.

Les élèves attachés aux établissements d'aliénés seront nommés pour un temps limité, selon le mode déterminé par le règlement sur le service intérieur de chaque établissement.

Les directeurs, les médecins en chef et les médecins adjoints ne pourront être révoqués que par notre ministre de l'intérieur, sur le rapport des préfets.

Art. 4. — Les commissions instituées par l'article 1er, chargées de la surveillance générale de toutes les parties du service des établissements, sont appelées à donner leur avis sur le régime intérieur, sur les budgets et les comptes, sur les actes relatifs à l'administration, tels que le mode de gestion des biens, les projets de travaux, les procès à intenter ou à soutenir, les transactions, les emplois de capitaux, les acquisitions, les emprunts, les ventes ou échanges d'immeubles, les acceptations de legs ou donations, les pensions à accorder s'il y a lieu, les traités à conclure pour le service des malades.

Art. 5. — Les commissions de surveillance se réuniront tous les mois. Elles seront en outre convoquées par les préfets ou les sous-préfets toutes les fois que les besoins du service l'exigeront.

Le directeur de l'établissement et le médecin chargé en chef du service médical assisteront aux séances de la commission; leur voix sera seulement consultative.

Néanmoins, le directeur et le médecin en chef devront se retirer de la séance au moment où la commission délibérera sur les comptes d'administration et sur les rapports qu'elle pourrait avoir à adressser directement au préfet.

Art. 6. — Le directeur est chargé de l'administration intérieure de l'établissement et de la gestion de ses biens et revenus.

Il pourvoit, sous les conditions prescrites par la loi, à l'admission et à la sortie des personnes placées dans l'établissement.

Il nomme les préposés de tous les services de l'établissement;

il les révoque s'il y a lieu. Toutefois, les surveillants, les infirmiers et les gardiens devront être agréés par le médecin en chef ; celui-ci pourra demander leur révocation au directeur. En cas de dissentiment, le préfet prononcera.

Art. 7. — Le directeur est exclusivement chargé de pourvoir à tout ce qui concerne le bon ordre et la police de l'établissement, dans les limites du règlement de service intérieur, qui sera arrêté, en exécution de l'article 7 de la loi du 30 juin 1838, par notre ministre de l'intérieur.

Il résidera dans l'établissement.

Art. 8. — Le service médical, en tout ce qui concerne le régime physique et moral, ainsi que la police médicale et personnelle des aliénés, est placé sous l'autorité du médecin, dans les limites du règlement de service intérieur mentionné à l'article précédent.

Les médecins adjoints, dans les maisons où le règlement intérieur en établira, les élèves, les surveillants, les infirmiers et les gardiens, sont, pour le service médical, sous l'autorité du médecin en chef.

Art. 9. — Le médecin en chef remplira les obligations imposées aux médecins par la loi du 30 juin 1838, et délivrera tous certificats relatifs à ses fonctions.

Ces certificats ne pourront être délivrés par le médecin adjoint qu'en cas d'empêchement constaté du médecin en chef.

En cas d'empêchement constaté du médecin en chef et du médecin adjoint, le préfet est autorisé à pourvoir provisoirement à leur remplacement.

Art. 10. — Le médecin en chef sera tenu de résider dans l'établissement.

Il pourra toutefois être dispensé de cette obligation par une décision spéciale de notre ministre de l'intérieur, pourvu qu'il fasse chaque jour, au moins, une visite générale des aliénés confiés à ses soins, et qu'en cas d'empêchement il puisse être suppléé par un médecin résidant.

Art. 11. — Les commissions administratives des hospices civils qui ont formé ou qui formeront à l'avenir dans ces établissements des quartiers affectés aux aliénés, seront tenues de faire agréer par le préfet un préposé responsable, qui sera soumis à toutes les obligations imposées par la loi du 30 juin 1838.

Dans ce cas, il ne sera pas créé de commissions de surveillance.

Le règlement intérieur des quartiers consacrés au service des aliénés sera soumis à l'approbation de notre ministre de l'intérieur, conformément à l'article 7 de cette loi.

Art. 12. — Il ne pourra être créé, dans les hospices civils, des quartiers affectés aux aliénés, qu'autant qu'il sera justifié que l'organisation de ces quartiers permet de recevoir et de traiter cinquante aliénés au moins.

Quant aux quartiers actuellement existants où il ne pourrait être traité qu'un nombre moindre d'aliénés, il sera statué sur leur maintien par notre ministre de l'intérieur.

Art. 13. — Notre ministre de l'intérieur pourra toujours autoriser, ou même ordonner d'office, la réunion des fonctions de directeur et de médecin.

Art. 14. — Le traitement du directeur et du médecin sera déterminé par un arrêté de notre ministre de l'intérieur.

Art. 15. — Dans tous les établissements publics où le travail des aliénés sera introduit comme moyen curatif, l'emploi du produit de ce travail sera déterminé par le règlement intérieur de ces établissements.

Art. 16. — Les lois et règlements relatifs à l'administration générale des hospices et établissements de bienfaisance, notamment en qui concerne l'ordre de leurs services financiers, la surveillance de la gestion du receveur, les formes de la comptabilité, sont applicables aux établissements publics d'aliénés en tout ce qui n'est pas contraire aux dispositions qui précèdent.

Titre II. — Des établissements privés consacrés aux aliénés.

Art. 17. — Quiconque voudra former ou diriger un établissement privé destiné au traitement des aliénés devra en adresser la demande au préfet du département où l'établissement devra être situé.

Art. 18. — Il justifiera :

1° Qu'il est majeur et exerçant ses droits civils;

2° Qu'il est de bonnes vie et mœurs; il produira à cet effet un certificat délivré par le maire de la commune ou de chacune des communes où il aura résidé depuis trois ans;

3° Qu'il est docteur en médecine.

Art. 19. — Si le requérant n'est pas docteur en médecine, il produira l'engagement d'un médecin qui se chargera du service médical de la maison, et déclarera se soumettre aux obligations spécialement imposées, sous ce rapport, par les lois et règlements.

Ce médecin devra être agréé par le préfet, qui pourra toujours le révoquer. Toutefois, cette révocation ne sera définitive qu'autant qu'elle aura été approuvée par notre ministre de l'intérieur.

Art. 20. — Le requérant indiquera dans sa demande le nombre et le sexe des pensionnaires que l'établissement pourra contenir; il en sera fait mention dans l'autorisation.

Art. 21. — Il déclarera si l'établissement doit être uniquement affecté aux aliénés, ou s'il recevra d'autres malades. Dans ce dernier cas, il justifiera, par la production du plan de l'établissement, que le local consacré aux aliénés est entièrement séparé de celui qui est affecté au traitement des autres malades.

Art. 22. — Il justifiera :

1° Que l'établissement n'offre aucune cause d'insalubrité, tant au dedans qu'au dehors, et qu'il est situé de manière à ce que les aliénés ne soient pas incommodés par un voisinage bruyant ou capable de les agiter;

2° Qu'il peut être alimenté en tout temps d'eau de bonne qualité et en quantité suffisante;

3° Que, par la disposition des localités, il permet de séparer complétement les sexes, l'enfance et l'âge mûr; d'établir un classement régulier entre les convalescents, les malades paisibles et ceux qui sont agités; de séparer également les aliénés épileptiques;

4° Que l'établissement contient des locaux particuliers pour les aliénés atteints de maladies accidentelles, et pour ceux qui ont des habitudes de malpropreté;

5° Que toutes les précautions ont été prises, soit dans les constructions, soit dans la fixation du nombre des gardiens, pour assurer le service et la surveillance de l'établissement.

Art. 23. — Il justifiera également, par la production du règlement intérieur de la maison, que le régime de l'établissement offrira toutes les garanties convenables sous le rapport des bonnes mœurs et de la sûreté des personnes.

Art. 24. — Tout directeur d'un établissement privé consacré au traitement des aliénés devra, avant d'entrer en fonctions, fournir un cautionnement dont le montant sera déterminé par l'ordonnance royale d'autorisation.

Art. 25. — Le cautionnement sera versé, en espèces, à la caisse des dépôts et consignations, et sera exclusivement destiné à pourvoir, dans les formes et pour les cas déterminés dans l'article suivant, aux besoins des aliénés pensionnaires.

Art. 26. — Dans tous les cas où, par une cause quelconque, le service d'un établissement privé consacré aux aliénés se trouverait suspendu, le préfet pourra constituer, à l'effet de remplir les fonctions de directeur responsable, un régisseur provisoire, entre les mains duquel la caisse des dépôts et consignations, sur les mandats du préfet, versera ce cautionnement, en tout ou en partie, pour l'appliquer au service des aliénés.

Art. 27. — Tout directeur d'un établissement privé consacré aux aliénés pourra, à l'avance, faire agréer par l'administration une personne qui se chargera de le remplacer dans le cas où il viendrait à cesser ses fonctions par suite de suspension, d'interdiction judiciaire, d'absence, de faillite, de décès, ou par toute autre cause.

La personne ainsi agréée sera de droit, dans ces divers cas, investie de la gestion provisoire de l'établissement, et soumise, à ce titre, à toutes les obligations du directeur lui-même.

Cette gestion provisoire ne pourra jamais se prolonger au delà d'un mois sans une autorisation spéciale du préfet.

Art. 28. — Dans le cas où le directeur cesserait ses fonctions par une cause quelconque, sans avoir usé de la faculté ci-dessus, ses héritiers ou ayants cause seront tenus de désigner, dans les vingt-quatre heures, la personne qui sera chargée de la régie provisoire de l'établissement, et soumise, à ce titre, à toutes les obligations du directeur.

A défaut, le préfet fera lui-même cette désignation.

Les héritiers ou ayants cause du directeur devront, en outre, dans le délai d'un mois, présenter un nouveau directeur, pour en remplir définitivement les fonctions.

Si la présentation n'est pas faite dans ce délai, l'ordonnance royale d'autorisation sera réputée rapportée de plein droit, et l'établissement sera fermé.

Art. 29. — Lorsque le directeur d'un établissement privé consacré aux aliénés voudra augmenter le nombre des pensionnaires qu'il aura été autorisé à recevoir dans son établissement, il devra former une demande en autorisation à cet effet, et justifier que les bâtiments primitifs ou ceux additionnels qu'il aura fait construire sont, ainsi que leurs dépendances, convenables et suffisants pour recevoir le nombre déterminé de nouveaux pensionnaires.

L'ordonnance royale qui statuera sur cette demande déterminera l'augmentation proportionnelle que le cautionnement pourra recevoir.

Art. 30. — Le directeur de tout établissement privé consacré aux aliénés devra résider dans l'établissement.

Le médecin attaché à l'établissement, dans le cas prévu par l'article 19 de la présente ordonnance, sera soumis à la même obligation.

Art. 31. — Le retrait de l'autorisation pourra être prononcé, suivant la gravité des circonstances, dans tous les cas d'infraction aux lois et règlements sur la matière, et notamment dans les cas ci-après :

1° Si le directeur est privé de l'exercice des droits civils;

2° S'il reçoit un nombre de pensionnaires supérieur à celui fixé par l'ordonnance d'autorisation;

3° S'il reçoit des aliénés d'un autre sexe que celui indiqué par cette ordonnance;

4° S'il reçoit des personnes atteintes de maladies autres que celles qu'il a déclaré vouloir traiter dans l'établissement;

5° Si les dispositions des lieux sont changées ou modifiées de manière à ce qu'ils cessent d'être propres à leur destination, ou si les précautions prescrites pour la sûreté des personnes ne sont pas constamment observées;

6° S'il est commis quelque infraction aux dispositions du règlement du service intérieur en ce qui concerne les mœurs;

7° S'il a été employé à l'égard des aliénés des traitements contraires à l'humanité;

8° Si le médecin agréé par l'administration est remplacé par un autre médecin, sans qu'elle en ait approuvé le choix;

9° Si le directeur contrevient aux dispositions de l'article 8 de la loi du 30 juin 1838 ;

10° S'il est frappé d'une condamnation prononcée en exécution de l'article 41 de la même loi.

Art. 32. — Pendant l'instruction relative au retrait de l'ordonnance royale d'autorisation, le préfet pourra prononcer la suspension provisoire du directeur, et instituer un régisseur provisoire, conformément à l'article 26.

Art. 33. — Il sera statué, pour le retrait des autorisations, par une ordonnance royale.

Dispositions générales.

Art. 34. — Les établissements, publics ou privés, consacrés aux aliénés du sexe masculin ne pourront employer que des hommes pour le service personnel des aliénés.

Des femmes seules sont chargées du service personnel des aliénées, dans les établissements destinés aux individus du sexe féminin.

Dispositions transitoires.

Art. 35. — Les établissements privés actuellement existants devront, dans les six mois à dater du jour de la présente ordonnance, se pourvoir en autorisation, dans les formes prescrites par les articles ci-dessus ; passé ce délai, lesdits établissements seront fermés.

Art. 36. — Notre ministre secrétaire d'État au département de l'intérieur est chargé de l'exécution de la présente ordonnance, qui sera insérée au *Bulletin des Lois*.

5 août 1840. — Circulaire du Ministre de l'intérieur *sur le traitement et les frais de séjour des aliénés dans les hospices.*

Monsieur le Préfet, la loi du 30 juin 1838 statue que les diverses dépenses occasionnées par les aliénés seront à la charge de ces aliénés eux-mêmes; à défaut, à la charge des personnes auxquelles il peut être demandé des aliments, aux termes des articles 205 et suivants du Code civil; enfin, qu'à défaut, ou en cas d'insuffisance de ces ressources, il y sera pourvu sur les centimes affectés par la loi de finances aux dépenses ordinaires du département auquel l'aliéné appartient, sans préjudice du concours de la commune du domicile de l'aliéné, d'après les bases proposées par le conseil général, sur l'avis du préfet, et approuvées par le Gouvernement.

Dans la discussion de la loi au sein des Chambres législatives, il avait été formellement reconnu et plusieurs fois exprimé que la dépense du traitement et de l'entretien des aliénés, lorsqu'elle ne pouvait être acquittée par eux-mêmes ou par leurs familles, constituait une dépense essentiellement départementale, et que le département devait toujours en payer la plus grande partie. On avait fait observer, avec beaucoup de raison, que cette dépense était de nature, notamment par l'effet du hasard qui accumulerait plusieurs insensés dans la même localité, à devenir trop considérable pour être laissée principalement à la charge des communes, d'autant qu'elle se prolonge le plus souvent pendant de longues années.

Ces principes furent rappelés dès la première instruction donnée pour l'application de la loi. La circulaire du 23 juillet 1838 invita les préfets, en faisant aux conseils généraux les propositions convenables pour l'exécution de l'article 28 de cette loi, à ne pas perdre de vue que le concours de la commune du domicile devait s'entendre dans le sens d'une subvention déterminée d'après des bases équitables, et non pas de manière à laisser la dépense tout entière à la charge de la caisse municipale. La circulaire ajoutait que cette dernière interprétation ne serait conforme ni à l'esprit ni au texte de la loi; et qu'une semblable répartition de cette dépense ne saurait être approuvée.

Toutefois, c'était pour la première fois que la loi du 30 juin 1838 était mise à exécution; dans beaucoup de départements, les communes avaient été appelées jusqu'alors à supporter la presque totalité de la dépense; il convenait de ménager la transition de cet ancien état de choses au système plus équitable consacré par la loi. Pour l'exercice 1839, le Gouvernement consentit à ce que, dans plusieurs départements, on obligeât les communes à contribuer encore à cette dépense jusqu'à concurrence de moitié; il se borna à empêcher que dans aucun d'eux cette limite fût franchie.

Pour l'exercice 1840, l'instruction du 6 août 1839 alla plus loin : elle fit définitivement connaître aux préfets quelles propositions ils devaient faire aux conseils généraux, d'après quelles bases devait être réglé le concours des communes, et dans quelles proportions ce concours pouvait être demandé à chacune d'elles, d'après le chiffre de ses revenus. Dans la plupart des départements ces proportions ont, en effet, été adoptées; cependant, dans quelques-uns, elles ont encore été dépassées, ou même des bases tout à fait différentes ont été soit maintenues, soit préférées. Le Gouvernement a encore cru devoir, pour cet exercice et à titre transitoire, admettre ces exceptions.

Mais, pour l'exercice 1841, les mêmes motifs de tolérance n'existent plus, et rien ne justifierait de semblables dérogations à la règle générale. Je vous rappellerai donc, Monsieur le Préfet, que, dans aucun cas, les communes ayant 100,000 francs de revenus et au-dessus ne doivent être appelées à supporter plus d'un tiers de la dépense de leurs aliénés indigents; les communes ayant 50,000 francs de revenus et au-dessus, plus d'un quart; les communes ayant 20,000 francs de revenus et au-dessus, plus d'un cinquième; les communes ayant 5,000 francs de revenus et au-dessus, plus d'un sixième; qu'enfin les communes ayant moins de 5,000 francs de revenus ne doivent être tenues de concourir à cette dépense que dans une proportion moindre qu'un sixième, et qu'autant qu'elles pourront fournir ce concours sans compromettre leurs autres services. Je regarde l'observation de ces proportions comme important essentiellement aux intérêts bien entendus de tous les départements; et je crois devoir, en conséquence, déclarer dès à présent que toutes propositions de concours qui dépasseraient les limites ci-dessus n'obtiendraient pas l'approbation du Gouvernement.

Les proportions dont je viens de vous entretenir, Monsieur le Préfet, sont fondées sur le chiffre du revenu communal. Cette base, en effet, a toujours paru la plus équitable, et celle qui, dans la pratique, offre le moins de difficultés d'application. Les classifications de communes, les fixations de proportions de concours que l'on tenterait de faire d'après les diverses circonstances particulières, et pour ainsi dire individuelles, dans lesquelles chaque commune se trouve placée, présenteraient toujours beaucoup d'arbitraire; elles donneraient lieu à beaucoup plus de critiques et de réclamations, et souvent ces réclamations seraient extrêmement difficiles à juger.

Quelques préfets avaient pensé que la richesse des communes devait s'apprécier beaucoup moins d'après le chiffre de leurs revenus ordinaires, que d'après le montant de leurs fonds libres après leurs dépenses payées. Cette opinion ne m'a pas paru pouvoir être admise; elle consacrerait les inégalités que l'on veut éviter. Ainsi, par exemple, ce sont généralement les communes les plus riches qui contractent des emprunts. D'un autre côté, il dépendrait toujours du conseil municipal d'employer toutes les ressources de la commune, et par là de changer l'aspect de sa situation financière : le chiffre des revenus ordinaires, au contraire, ne peut être arbitrairement modifié, et reste dès lors un terme de comparaison toujours exact.

Les observations qui précèdent ont principalement pour objet d'empêcher qu'une trop forte part de la dépense des aliénés ne soit mise à la charge des communes; mais, d'autre part, il ne convient pas non plus d'exempter trop facilement ces communes de tout concours à cette dépense. Il importe qu'elles y restent intéressées pour quelque portion. Ce concours sera une garantie contre les abus qui tendraient à s'introduire, et qui pourraient accroître indéfiniment les charges départementales ; il préviendra la trop grande facilité qu'auraient peut-être les autorités locales à attester l'état, soit d'aliénation, soit d'indigence, d'individus qui ne seraient pas véritablement indigents ou aliénés. Le droit de dégrever les communes appartient sans doute aux conseils généraux; mais ce droit ne doit être exercé qu'avec une sage réserve. Ainsi, je serais disposé à regarder comme trop générale la dispense de concourir accordée dans plusieurs départements à toutes les communes qui se trouvent sans ressources après leurs dépenses obligatoires acquittées, ou qui, pour acquitter en entier leur contingent, seraient forcées de s'imposer extraordinairement. Je pense qu'il ne faudrait exempter que les communes réellement hors d'état de subvenir à cette dépense nouvelle.

Je n'ai pas besoin de vous dire, Monsieur le Préfet, que la dépense des aliénés étant mise à la charge des communes par la loi du 30 juin 1838, constitue pour ces communes, aux termes de l'avant-dernier paragraphe de l'article 30 de la loi du 18 juillet 1837, sur l'administration municipale, une dépense obligatoire. Si donc un conseil municipal refusait le vote de cette dépense dans les limites du concours régulièrement fixé, elle devrait être portée d'office au budget de la commune, par un arrêté pris par vous en conseil de préfecture, ou par une ordonnance royale que je provoquerais à cet effet.

La jurisprudence de l'administration a admis que les communes pouvaient être appelées à supporter, dans l'entretien des aliénés non dangereux, une part plus forte que dans celui des aliénés placés d'office. Toutefois, cette part ne doit pas dépasser non plus de justes proportions, et pour les communes les plus riches, la limite de moitié.

Quant à la marche à suivre par vous dans l'application de ces diverses règles, je ne puis, Monsieur le Préfet, que vous rappeler les indications contenues à cet égard dans l'instruction du 5 août 1839. Vous aurez donc à déterminer d'abord quelles sont les communes qui doivent, s'il y a lieu, être exemptées de tout concours; puis, après cette première distinction établie, à diviser les communes susceptibles de concourir en diverses catégories, suivant ce qui a été indiqué ci-dessus, et à fixer la proportion du concours à exiger des communes placées dans chacune de ces catégories. Vous ferez en même temps une évaluation approximative des sommes qui devront résulter de ces bases de concours, d'après le nombre et l'origine des aliénés existant déjà, et de ceux que vous présumerez devoir être placés jusqu'à la fin de l'année.

Les communes étant exposées à subir des pertes et des dépenses accidentelles et imprévues, et, d'un autre côté, plusieurs cas d'aliénation mentale pouvant se déclarer souvent dans la même famille, il a paru, en général, convenable de laisser au préfet, même après la répartition opérée, la faculté de dispenser du concours, en totalité ou en partie, mais seulement pour des motifs graves et sous mon autorisation, les communes qu'il déterminera. Je ne doute pas que le conseil général de votre département ne soit porté à vous donner cette marque de confiance. Ce pouvoir, en vous permettant de dégrever, en parfaite connaissance de cause, les communes dont les ressources réelles ne seraient pas en rapport exact avec le chiffre de leurs revenus ordinaires, est de nature à concilier tous les intérêts.

Au surplus, Monsieur le Préfet, je vous invite à vous reporter à la circulaire précitée du 5 août 1839; vous y trouverez, sur divers points, des instructions plus détaillées, que je n'ai pas cru nécessaire de reproduire ici, mais qui n'en doivent pas être moins exactement suivies. Je vous invite notamment à ne pas perdre de vue les observations relatives aux subventions communales accordées à certains hospices pour le placement des aliénés, et au concours simultané des hospices et des communes.

Je vous prie de m'accuser réception de cette circulaire, et je vous recommande de vous conformer à ses prescriptions.

---

14 août 1840. — Circulaire *relative au placement des aliénés non dangereux.*

Monsieur le Préfet, la loi du 30 juin 1838 n'a pas eu seulement pour objet d'assurer la séquestration des aliénés dangereux: elle s'est proposé un but plus large et plus généreux, celui d'assurer, autant que possible, un asile et des soins à tous les aliénés dont la position malheureuse appelle les secours publics. Ainsi, le législateur n'a pas soumis les départements à la seule obligation de pourvoir à l'entretien des insensés placés d'office; il a voulu que la sollicitude de la société et les bienfaits de la charité légale s'étendissent aux insensés indigents, même quand leur état mental ne compromettrait point l'ordre public ou la sûreté des personnes.

Toutefois, il importait de restreindre dans de justes limites la charge nouvelle imposée aux départements, et de la proportionner à leurs ressources; il importait surtout de prévenir les abus auxquels aurait donné lieu une admission trop facile aux secours. Les conseils généraux devaient être, à cet égard, les premiers juges à consulter.

C'est d'après ces divers motifs que l'article 25, paragraphe 2, de la loi du 30 juin 1838 a statué que les aliénés dont l'état mental ne compromettrait point l'ordre public ou la sûreté des personnes seraient admis dans les établissements appartenant aux départements, ou avec lesquels les départements auraient traité, dans les formes, dans les circonstances et aux conditions qui seraient réglées par les conseils généraux, sur la proposition des préfets, et sous l'approbation du ministre de l'intérieur.

Cependant, lors de la première application de la loi, dans la plupart des départements, les dispositions de cet article ne furent pas complétement comprises : dans les uns, il ne fut arrêté aucun règlement pour l'admission, dans les asiles, des aliénés non dangereux; dans d'autres, les règlements qui furent dressés ne concordaient pas avec l'esprit de la loi, ou du moins laissaient beaucoup à désirer.

Depuis, Monsieur le Préfet, la circulaire du 5 août 1839 vous a donné des explications détaillées sur le sens dans lequel ces règlements devaient être conçus, et notamment sur les clauses et conditions qu'il convenait d'en écarter. Ces explications ne sont pas restées inutiles, et j'ai pu en apprécier les bons résultats. Néanmoins, au nombre des règlements concertés, en 1839, entre les préfets et les conseils généraux, plusieurs ne m'ont pas paru complétement satisfaisants; une correspondance étendue a été nécessaire pour y faire introduire les modifications indispensables et les amener à pouvoir recevoir mon approbation.

Cette expérience m'a déterminé à vous proposer sur cet objet un modèle d'arrêté que vous trouverez ci-joint, et qui vous servira de base pour les propositions que vous aurez à faire, à cet égard, au conseil général, dans sa prochaine session.

Je n'ai pas besoin de vous dire, Monsieur le Préfet, que mon intention n'est pas d'imposer le projet d'arrêté que je vous communique. Je n'ai pas perdu de vue que, d'après la loi, c'est à vous et au conseil général qu'appartient l'initiative des mesures à prendre, soit pour déterminer, d'après les ressources financières du département, le nombre de places à fixer pour les aliénés non dangereux, soit pour régler les conditions d'admission; mais j'ai cru que le modèle que je vous communique faciliterait ce travail et le rendrait plus uniforme. J'examinerai avec intérêt les modifications et les additions que vous croirez utile d'y apporter ; je vous recommande seulement de ne pas y insérer des conditions qui rendraient les admissions trop difficiles, ou qui, en les soumettant à de trop longs retards, leur feraient perdre leur plus grand avantage. Je vous invite à vous reporter, à cet égard, aux considérations développées dans l'instruction précitée du 5 août 1839.

Déjà, Monsieur le Préfet, je vous ai rappelé, par ma circulaire du 5 de ce mois, relative au concours des communes à la dépense des aliénés indigents, que les communes peuvent être appelées à supporter, dans l'entretion des aliénés non dangereux, une part plus forte que dans celui des aliénés placés d'office. Mais il importe de remarquer que ce n'est pas dans le règlement sur l'admission des aliénés non dangereux que le conseil général doit manifester son avis à cet égard. Ce règlement n'est, en effet, soumis qu'à mon approbation, tandis qu'aux termes de l'article 28 de la loi du 30 juin 1838, les bases du concours à exiger des communes doivent être approuvées par le Gouvernement, c'est-à-dire par ordonnance royale.

L'arrêté qui règle, dans chaque département, les formes, les circonstances et les conditions de placement, aux frais de la charité publique, des aliénés dont l'état mental ne compromet point l'ordre public ou la sûreté des personnes, n'est pris que pour une année. Si le préfet et le conseil général croient devoir, pour l'année suivante, n'apporter aucun changement aux dispositions de cet arrêté, ils peuvent demander que l'exécution en soit prorogée ; mais il faut toujours que le conseil général prenne, à cet égard, une nouvelle délibération, et qu'il intervienne une nouvelle approbation ministérielle.

Je ne pense pas avoir besoin de prévoir le cas où ce conseil se refuserait à consentir l'admission, soit dans l'asile départemental, soit dans l'établissement avec lequel le département aurait traité, des aliénés non dangereux, ou bien s'abstiendrait de voter sur les circonstances, les formes et les conditions de l'admission. Un semblable refus, pas plus qu'une semblable omission, ne sauraient priver du bénéfice des dispositions du deuxième paragraphe de l'article 25 de la loi les infortunés au secours desquels le législateur a entendu venir. Vous devriez donc, le cas échéant, arrêter d'office un règlement que vous soumettriez à mon approbation.

Il me reste, Monsieur le Préfet, à vous présenter quelques observations au sujet des articles 9, 10 et 11 du modèle d'arrêté ci-annexé.

Il pourra arriver que, croyant avoir reconnu qu'un aliéné se trouve hors d'état de pourvoir par lui-même et par sa famille aux dépenses de son entretien, vous ayez autorisé son admission à l'une des places fondées par le conseil général, et que cependant, plus tard, vous découvriez soit que cet aliéné possède quelques ressources ou qu'il lui en est survenu depuis son placement, soit que quelqu'un de ceux de ses parents auxquels la loi civile impose l'obligation de lui donner des aliments est, en effet, en position de lui en fournir. Dans ces divers cas, vous ne perdrez pas de vue que, malgré l'admission par vous accordée, la dépense de l'aliéné n'en demeure pas moins, en principe, à sa charge et à celle de ses parents. Le remboursement des dépenses déjà effectuées, comme le recouvrement de celles à effectuer ultérieurement pour le traitement de l'insensé, devront, en conséquence, être immédiatement réclamés et poursuivis, conformément à l'article 27 de la loi du 30 juin 1838.

Il importe que vous vous fassiez rendre compte, à des intervalles assez rapprochés, de l'état des aliénés, parce que, d'après les renseignements qui vous seront fournis, vous pourrez ordonner la remise à leurs familles de ceux qui vous paraîtront n'avoir plus les mêmes titres aux secours. Vous serez principalement déterminé à prescrire ces sorties lorsqu'un aliéné vous semblera pouvoir être traité à ses frais ou aux frais de ses parents; lorsque, ayant été soumis au traitement pendant un temps suffisant et n'offrant que peu de chances de rétablissement, la place qu'il occupe pourra être donnée plus utilement à un autre insensé qui présentera plus de chances de guérison, etc., etc. Il est, en effet, à désirer que le plus grand nombre de malades possible soit appelé à recevoir les soins de la science et le traitement convenable à une infirmité dont l'art triomphe souvent lorsqu'elle est attaquée dès son début.

Enfin, Monsieur le Préfet, vous remarquerez que les placements d'aliénés dont l'état mental ne compromet point l'ordre public ou la sûreté des personnes, ne sont jamais que des placements volontaires. L'autorisation qui intervient de votre part pour l'admission de ces infortunés n'est relative qu'au payement de leur dépense ; elle ne saurait faire assimiler ces placements à des placements d'office : ils restent donc exclusivement soumis aux seules dispositions relatives aux placements volontaires. Par suite, les aliénés dont il s'agit cesseront d'être retenus dans les asiles aussitôt que les médecins auront déclaré leur guérison obtenue, sans que vous ayez à statuer à cet égard : il devra seulement vous en être immédiatement donné avis.

Je vous prie, Monsieur le Préfet, de m'accuser réception de la présente circulaire, et de recevoir l'assurance de ma considération distinguée.

Arrêté pour l'admission dans des asiles, aux frais du département, des aliénés dont l'état mental ne compromettrait point l'ordre public ou la sûreté des personnes.

A , le 184 .

Nous, Préfet du département d

Vu l'article 25, paragraphe 2, de la loi du 30 juin 1838;

Vu les instructions ministérielles des 5 août 1839 et 14 août 1840;

Vu la délibération prise par le conseil général, dans la séance du ;

Considérant que la loi du 30 juin 1838 n'est pas seulement une loi de police, mais encore une loi de bienfaisance qui a eu pour but d'assurer, autant que possible, un traitement et des soins aux aliénés en général dont la position malheureuse appelle les secours publics;

Que l'obligation des départements ne se borne pas à pourvoir à la séquestration et à l'entretien des aliénés dangereux; que les bienfaits de la loi doivent s'étendre même aux aliénés dont l'état mental ne compromettrait point l'ordre public ou la sûreté des personnes, notamment lorsque ces insensés sont en proie aux premiers accès de la maladie, ou présentent des chances probables de guérison;

Considérant toutefois qu'il importe de restreindre dans de justes limites les charges imposées au département, et de proportionner ses dépenses à ses ressources;

Avons arrêté et arrêtons ce qui suit :

Art. 1er. — (1) places

---

(1) Indiquer le nombre des places.

seront réservées dans les asiles de (1)
et de (2) pour recevoir, pendant l'année 184 , les aliénés indigents du département d (3) dont l'état mental ne compromettrait point l'ordre public ou la sûreté des personnes.

Art. 2. — Les admissions à ces places auront lieu, en vertu de notre autorisation, dans les formes, dans les circonstances et aux conditions ci-après.

Art. 3. — Les demandes d'admission pourront être formées par toute personne intéressée, parent, tuteur, curateur, ami, et par le maire de la commune.

Art. 4. — Toute demande d'admission sera écrite et signée par celui qui la présentera ; s'il ne sait écrire, elle sera reçue par le maire ou par le commissaire de police.

Art. 5. — Elle devra contenir, autant que possible, les nom, prénoms, profession, âge et domicile, tant de la personne qui la formera que de la personne dont l'admission sera réclamée, et l'indication du degré de la parenté, ou, à défaut, de la nature des relations qui existent entre elles.

Art. 6. — Elle devra être accompagnée, en outre, d'un certificat de médecin, légalisé, constatant l'état mental de la personne à placer, et indiquant la durée et les particularités de sa maladie, ainsi que les chances de guérison.

Art. 7. — Toute demande d'admission devra être remise au maire de la commune, qui en donnera acte, et qui y joindra :

1° Son avis sur le mérite de cette demande ;

2° Un certificat constatant la situation de fortune de l'aliéné et de ceux de ses parents habitant la commune auxquels des ali-

---

(1 et 2) Indiquer le nom des asiles.

(3) Nom du département.

ments pourraient être réclamés, aux termes des articles 205 et suivants du Code civil.

La demande et toutes les pièces nous seront immédiatement transmises.

Art. 8. — Seront admis de préférence aux places ci-dessus réservées les aliénés dont la maladie sera la moins invétérée, ou qui, d'après l'avis des médecins, présenteront le plus de chances de guérison.

Art. 9. — Les frais de transport, d'entretien et de traitement des aliénés ainsi placés seront à la charge du département d   sans préjudice des indemnités à fournir par les hospices et du concours de la commune du domicile de chaque aliéné, d'après les bases proposées par le conseil général, sur notre avis, et approuvées par le Gouvernement; et sauf, s'il y avait lieu, le recours du département, conformément aux articles 27 et 28 de la loi du 30 juin 1838, contre les aliénés eux-mêmes et ceux de leurs parents auxquels il pourrait être demandé des aliments.

Art. 10. — Tous les trois mois, il nous sera rendu compte par les chefs, directeurs ou préposés responsables des établissements, de l'état de ces aliénés, et nous nous réservons d'ordonner la sortie de ceux que nous croirons devoir déterminer.

Art. 11. — Les placements effectués en exécution des articles ci-dessus resteront, au surplus, soumis à toutes les dispositions des lois et règlements relatifs aux placements volontaires.

Art. 12. — Le présent arrêté sera soumis à l'approbation de M. le ministre de l'intérieur, conformément à l'article 25 de la loi du 30 juin 1838.

---

16 août 1840. — Circulaire du Ministre de l'intérieur *relative à l'exécution des articles* 1, 25, 26, 27 *et* 28 *de la loi du* 30 *juin* 1838.

Monsieur le Préfet, par la circulaire de mon prédécesseur, en date du 5 août 1839, et par celles que je vous ai adressées moi-même, les 5, 6 et 14 de ce mois, vous avez reçu des instructions détaillées pour l'exécution de la loi du 30 juin 1838 et de l'ordonnance du 18 décembre 1839, en ce qui concerne le service des aliénés. Je crois aujourd'hui utile de rappeler à votre attention une partie de ces dispositions, accompagnées de quelques explications nouvelles, particulièrement en ce qui touche les points dont vous avez à entretenir le conseil général.

Les asiles publics consacrés au traitement des aliénés ne sont pas encore, en France, aussi nombreux que le réclameraient les besoins du service. Toutefois, il serait facile, dans diverses parties du royaume, de pourvoir promptement à cette insuffisance, soit en agrandissant les établissements qui existent déjà, soit en affectant exclusivement au traitement des insensés ceux qui admettent en même temps d'autres indigents atteints de maladies ou d'infirmités étrangères à l'aliénation mentale.

Ainsi, il est beaucoup d'établissements départementaux qui, recevant des aliénés, sont en même temps consacrés aux sporiques, aux syphilitiques, à des incurables et même à des mendiants.

Cet état de choses entraîne des inconvénients graves et nombreux : il est contraire, lorsque l'établissement consiste en un seul bâtiment, aux prescriptions formelles de l'article 5 de la loi du 30 juin 1838, qui veut que, là où une même maison est consacrée tout à la fois au traitement de la folie et des infirmités d'une autre nature, les infortunés frappés d'aliénation mentale soient placés dans un local entièrement séparé; il s'oppose, dans tous les cas, à une parfaite appropriation des asiles au traitement de cette dernière maladie, si difficile à soigner et à guérir.

S'il existe dans votre département quelque établissement qui présente le caractère mixte dont je viens de vous entretenir, je vous invite, Monsieur le Préfet, à examiner, avec le conseil général, les mesures qu'il y aurait à prendre pour l'affecter exclusivement à une seule de ces destinations.

Quant à la création de nouveaux asiles, je ne crois pas devoir prendre l'initiative, et j'attendrai les votes que les conseils généraux émettront à cet égard. Je vous rappellerai seulement les observations contenues sur cet objet dans la circulaire du 5 août 1839, et j'ajouterai à ces observations qu'il ne convient, en général, de songer à établir que de grands asiles susceptibles de recevoir au moins deux cents aliénés. Les asiles plus petits entraînent des frais généraux proportionnellement beaucoup plus considérables ; en outre, il est impossible de leur donner tous les développements désirables, d'y réunir tous les moyens curatifs nécessaires, d'y opérer toutes les classifications indispensables, enfin d'y réaliser toutes les améliorations qu'exige l'état actuel de la science. Par suite, les guérisons y sont beaucoup plus rares et le séjour des aliénés beaucoup plus long. De semblables établissements seraient donc plus onéreux que profitables aux départements qui en entreprendraient la formation, et je serais peu disposé à les approuver.

Vous aurez, Monsieur le Préfet, à présenter vos observations au conseil général et à provoquer celles de ce conseil relativement aux traités en vertu desquels vous placez les aliénés de votre département dans des établissements publics ou privés. Si ces traités vous lient jusqu'à une époque qui ne soit pas encore arrivée, ces observations pourront, sans doute, être mises à profit plus tard. Si, au contraire, les traités conclus ne l'ont été que pour une année, ou que vous vous soyez réservé la faculté, ainsi que vous aviez été invité à le faire, de les résilier au moyen d'un avertissement donné trois ou six mois d'avance, vous aurez le temps d'y faire introduire, pour l'année prochaine, les modifications qui vous paraîtront convenables, et vous devrez ouvrir sans retard les négociations nécessaires à cet effet.

La circulaire du 5 août 1839 vous recommandait de ne jamais vous engager pour plus d'une année, ou du moins de vous réserver toujours le droit de résilier votre engagement. Il est encore à désirer que les traités nouveaux que vous auriez à passer, comme ceux que vous auriez à renouveler, ne soient conclus que pour une durée assez courte. Cependant, si, en leur en donnant une plus longue, vous deviez obtenir des conditions plus favorables, je ne m'opposerais pas à ce que vous jugeriez convenable de faire à cet égard. Les directeurs des asiles privés, surtout, cherchent souvent, en s'assurant pour un certain temps la clientèle du département, à donner une garantie de stabilité à des établissements qui exigent de leur part l'avance de capitaux considérables. Ces motifs méritent d'être pris en sérieuse considération, d'autant plus que l'ordonnance réglementaire du 18 décembre 1839 ayant désormais déterminé les principales conditions d'existence de ces établissements, les raisons qui, en 1839, avaient porté mon prédécesseur à ne conseiller que des traités pour un an, ont perdu une partie de leur force. Toutefois, l'organisation du service des aliénés est encore trop récente et trop peu complète pour que je ne doive pas vous recommander la plus grande réserve à l'égard des engagements à longs termes que vous prendriez.

Je rappellerai ici une observation que j'ai eu souvent occasion de faire : c'est que, dans les traités à passer avec les établissements publics, il n'y a point de prix à stipuler. Aux termes, en effet, du § 2 de l'article 26 de la loi du 30 juin 1838, la dépense de l'entretien, du séjour et du traitement des personnes placées dans les hospices ou établissements publics d'aliénés devant être réglée par un tarif arrêté par le préfet, il n'appartient qu'au préfet du département dans lequel chaque asile est situé de déterminer le prix des pensions dans cet asile, et ce n'est que conformément aux prix ainsi fixés que les placements peuvent être opérés.

En exécution de cet article de loi, vous devrez donc, Monsieur le Préfet, s'il existe dans votre département quelque établissement public affecté au traitement des aliénés, prendre un arrêté pour fixer le tarif des dépenses d'entretien, de séjour et de traitement des personnes qui y seront admises. Avant de prendre cet arrêté, vous inviterez le directeur ou la commission administrative de l'établissement, à vous communiquer ses observations et son avis; vous entendrez également l'avis du conseil général; mais vous remarquerez que le directeur ou la commission administrative de l'établissement, d'une part, et, d'autre part, le conseil général, représentant des intérêts différents et en quelque sorte opposés, ce conseil ne donne qu'un *avis*, et que c'est à vous seul de statuer : telle est, d'ailleurs, la disposition précise de la loi.

Je vous invite, du reste, Monsieur le Préfet, à n'arrêter ce tarif qu'après un mûr examen : il est fortement à désirer qu'il demeure permanent pendant toute l'année pour laquelle vous l'aurez fixé. Les modifications qu'il serait nécessaire d'y apporter ultérieurement dérangeraient les prévisions et les calculs des familles et des départements qui auraient placé des aliénés dans l'établissement, et pourraient donner lieu à des plaintes légitimes.

Quant à la formation même des tarifs, je me borne à me référer aux explications données par la circulaire du 5 août 1839. Vous savez, Monsieur le Préfet, que ces tarifs n'ont pas besoin d'être soumis à mon approbation, mais qu'ils doivent seulement m'être transmis à titre de renseignements.

Je n'ai rien à ajouter non plus aux règles posées et aux instructions données par cette circulaire, relativement à la fixation et au payement des frais de transport et de séjour provisoire des aliénés.

Je vous ai entretenu, par ma circulaire du 14 de ce mois, des mesures à prendre pour l'admission dans les asiles, aux frais du département, des aliénés dont l'état mental ne compromettrait point l'ordre public ou la sûreté des personnes. Je ne puis que m'y référer.

Je ne puis également que vous inviter à vous reporter aux instructions contenues dans la circulaire précitée, du 5 août 1839, sur le payement des dépenses des aliénés en général, et sur les obligations, à cet égard, des aliénés, de leurs familles et des hospices. J'ai remarqué que, dans plusieurs départements, ces instructions n'ont pas été, en ce qui concerne les indemnités à réclamer des hospices, suffisamment comprises ou complètement exécutées. J'appelle, Monsieur le Préfet, toute votre attention sur ce point. Quelques conseils généraux ont cru pouvoir délibérer sur les sommes à fournir par les établissements hospitaliers, en fixer le montant, ou dispenser ces établissements de toute espèce de payement. Ce serait évidemment là une interprétation inexacte de la loi. Les hospices ne fournissent pas un concours sur lequel il y ait à délibérer; ils acquittent une dette dont le montant doit être établi d'après des titres ou un usage constant, être fixé par le préfet et, en cas de contestation, être réglé par le conseil de préfecture.

Ma circulaire du 5 de ce mois vous a fait connaître d'après quelles bases devaient être conçues les propositions que vous avez à présenter au conseil général, relativement au concours à demander aux communes dans la dépense de leurs aliénés indigents, et dans quelles limites ce concours devait être restreint. Je n'ajouterai ici qu'une seule observation.

En principe, les frais de transport et de séjour provisoire doivent être joints aux frais ordinaires d'entretien de l'aliéné, et payés, comme ces derniers, par l'aliéné, par sa famille, ou, à défaut, par le département et la commune du domicile de cet aliéné, dans les proportions établies par l'ordonnance royale qui règle les bases du concours des communes. Toutefois, la répartition, entre la commune et le département, d'une dépense généralement minime et fractionnée elle-même en nombreux articles, compliquant, sans utilité sérieuse, la comptabilité départementale et souvent celle des établissements d'aliénés, je ne verrais pas d'inconvénient à ce que les dépenses de transport et de séjour provisoire des aliénés fussent mises, à défaut de ressources de la part de l'insensé et de sa famille, à la charge exclusive, soit des communes, soit du département. Dans ce cas, cette mesure devrait être l'objet d'un vote du conseil général, et ensuite d'une disposition de l'ordonnance royale statuant sur le concours des communes.

Dans le rapport que vous présenterez au conseil général sur le service dont il s'agit, vous aurez soin de fournir à ce conseil tous les documents indiqués par la circulaire du 5 août 1839.

Vous suivrez également les indications de cette circulaire relativement à la rédaction et à l'envoi des prévisions, ainsi qu'à l'envoi et aux propositions spéciales à me faire concernant les dépenses extraordinaires qui seraient votées par le conseil général.

Enfin, Monsieur le Préfet, vous devrez, après la session de ce conseil, m'adresser, touchant le service des aliénés :

1° Les projets de traités, en double expédition, que vous vous proposerez de passer ou de renouveler pour le placement des aliénés indigents de votre département, soit avec des établissements publics, soit avec des établissements privés ; les observations du conseil général sur ces projets, ou, si vous êtes lié par des traités déjà existants, les observations de ce conseil sur ces traités et les modifications qu'il conviendrait d'y apporter. Si vous ne vous proposiez que de continuer l'exécution de traités déjà approuvés depuis la loi du 30 juin 1838, vous n'auriez, sans m'en transmettre de nouvelles expéditions, qu'à m'informer par simple lettre de vos intentions, et, en réponse, j'autoriserais, s'il y avait lieu, la prorogation de ces conventions;

2° Les arrêtés que vous aurez pris à l'effet de régler pour l'exercice prochain, conformément au paragraphe 2 de l'article 26 de la loi, la dépense de l'entretien, du séjour et du traitement des personnes placées dans les établissements publics d'aliénés de votre département;

3° L'arrêté que vous aurez pris pour régler, pendant le même exercice, conformément au même article 26 précité, les prix de journées à payer aux divers hospices dépositaires de votre département pour le séjour provisoire des aliénés de passage dans ces hospices;

4° L'arrêté en double expédition que vous aurez pris pour régler, conformément au paragraphe 2 de l'article 25 de la même loi, les formes, les circonstances et les conditions dans lesquelles les aliénés dont l'état mental ne compromettrait point l'ordre public ou la sûreté des personnes pourront être admis dans les établissements avec lesquels votre département aura traité. Cet arrêté devra être accompagné de l'extrait de votre rapport au conseil général sur cet objet et de la délibération prise par ce conseil;

5° L'état des proportions du concours réclamé des communes dans la dépense de leurs aliénés indigents, et l'état des prévisions de la dépense totale pour l'exercice prochain. Ces états, dressés conformément aux modèles annexés à la circulaire du 5 août 1839, devront être accompagnés de l'extrait de votre rapport au conseil général, des délibérations de ce conseil et de votre avis. Je vous ferai remarquer, Monsieur le Préfet, que, dans l'état des proportions du concours, les communes doivent désormais être toujours rangées par classes, avec l'indication des chiffres de leurs revenus ; et que, dans la colonne de l'état des prévisions destinée à recevoir l'indication du nombre des aliénés indigents non secourus, si, parmi ces aliénés, il s'en trouvait de dangereux, mention spéciale devrait en être faite et leur nombre être indiqué à part de celui des aliénés non dangereux ;

6° Les propositions de dépenses extraordinaires qui auront été votées relativement au service des aliénés.

Je vous recommande, Monsieur le Préfet, de me faire ces différents envois le plus tôt qu'il vous sera possible, après la session du conseil général; je tiens à ce qu'ils me parviennent, au plus tard, avant le 30 septembre prochain, afin que, pour l'exercice 1841, le règlement des prévisions s'effectue plus tôt qu'il n'a été opéré pour l'exercice courant. Je vous recommande particulièrement aussi de vouloir bien me faire, pour chacun des objets ci-dessus, un envoi distinct et séparé. L'inobservation de cette règle entraîne trop souvent, dans l'instruction des affaires, des erreurs et des retards préjudiciables.

Vous savez que ces divers envois sont indépendants de celui d ubudget départemental, et que toutes les dépenses relatives au service des aliénés doivent, avant de pouvoir être effectuées, avoir reçu de moi une approbation spéciale, que l'approbation générale du budget du département ne saurait nullement suppléer.

1er février 1841. Circulaire du Ministre de l'intérieur *relative à la correspondance des directeurs des asiles d'aliénés avec les préfets et les sous-préfets.*

Monsieur le Préfet, depuis que, conformément aux dispositions de l'ordonnance royale du 18 décembre 1839, au lieu de continuer à être régis, comme le sont les autres hospices et établissements de bienfaisance, par des commissions administratives, les asiles publics consacrés aux aliénés sont administrés par des directeurs, je suis informé que, dans divers départements, MM. les préfets et les directeurs de ces asiles ne croient pouvoir correspondre ensemble que par l'intermédiaire et sous le couvert des maires des communes dans lesquelles ces établissements sont situés.

Ce mode de correspondre, contraire aux instructions de la direction des postes, ne l'est pas moins au bien du service, puisque, entre autres inconvénients, des dépêches, souvent pressées, en éprouvent toujours des retards inévitables, et qu'elles courent, en outre, le risque d'être quelquefois égarées.

L'emploi de l'intermédiaire des maires est, du reste, complétement inutile. La correspondance entre les préfets, les sous-préfets et les administrateurs des établissements de bienfaisance du département ou de l'arrondissement, a toujours été admise à circuler en franchise. Or, la qualité d'administrateurs d'établissements de bienfaisance est une dénomination générique qui comprend tous les fonctionnaires chargés d'administrer, à quelque titre que ce soit, les établissements compris dans cette catégorie.

Mon collègue, M. le ministre des finances, avec lequel j'ai cru devoir me concerter à cet égard, me fait connaître qu'au surplus, bien que déjà des instructions aient été plusieurs fois données dans ce sens aux agents de l'administration des postes, M. le directeur de cette administration va renouveler ces instructions, afin que la correspondance dont il s'agit n'éprouve aucune difficulté.

Je vous invite donc, Monsieur le Préfet, à adresser directement aux directeurs des asiles publics d'aliénés de votre département toutes les communications que vous aurez à leur faire, et à informer ces fonctionnaires qu'ils doivent vous adresser directement aussi toutes celles qu'ils auront à vous transmettre. La correspondance entre ces directeurs et le sous-préfet de leur arrondissement devra avoir lieu également de la même manière. Vous savez que cette correspondance n'est autorisée que sous bandes, sauf le droit spécial qui vous est exclusivement réservé de mettre vos dépêches sous enveloppe, en cas de nécessité, en remplissant les formalités prescrites.

---

15 juin 1841. — Circulaire du Ministre de l'intérieur *sur les avis semestriels de maintenues ou de sorties.*

Monsieur le Préfet, vous allez avoir à me rendre compte incessamment des diverses décisions par lesquelles vous devez prononcer individuellement, pour le deuxième semestre de 1841, sur chacun des aliénés placés dans les asiles de votre département, à l'effet d'ordonner, soit sa maintenue dans ces établissements, soit sa sortie. Je crois devoir vous rappeler les différentes instructions qui vous ont été transmises à cet égard par moi-même et par mon prédécesseur, celles notamment des 5 juillet et 28 décembre 1839, 25 juin et 25 décembre 1840.

J'ai peu de choses à ajouter à ces instructions, mais je vous invite à vous y reporter et à vous conformer exactement à leurs dispositions.

Je désire que, pour le deuxième semestre de 1841, qui va commencer, les rapports des directeurs et médecins des établissements publics et privés vous soient parvenus le 15 juillet prochain. Je vous prie d'en informer ces directeurs et médecins, et de tenir la main à l'exécution de cette mesure.

J'insiste particulièrement sur ces divers points que les rapports doivent comprendre tous les aliénés placés, d'office ou volontairement, dans les établissements; que, dans les dix jours qui suivront l'arrivée en vos mains de ces documents, vous devez statuer individuellement sur chaque aliéné, ordonner sa maintenue ou sa sortie; qu'enfin vous devez, sans retard, me donner avis de toutes vos décisions, et me faire également connaître quels sont les aliénés placés volontairement qui continuent d'être détenus dans chaque asile.

Déjà, Monsieur le Préfet, la circulaire de mon prédécesseur, du 25 juin 1840, vous a recommandé de transmettre au ministère tous les avis de maintenues, d'office ou volontaires, dont il s'agit, simultanément et par un seul envoi, en l'accompagnant d'une lettre indiquant le nombre des avis envoyés. Je vous renouvelle cette recommandation.

Je tiens à ce que ces avis me parviennent, au plus tard, le 31 juillet.

Vous n'oublierez pas, Monsieur le Préfet, que, dans les envois que vous avez à me faire, tous les avis de maintenues, d'office ou volontaires, doivent être rangés, sans distinction, par ordre alphabétique, d'après le nom de famille de chaque aliéné. Il ne suffirait pas, comme on l'a fait dans quelques préfectures, de réunir ensemble tous les avis relatifs aux aliénés dont les noms commencent par la même initiale. Ces avis doivent, dans ce cas, être en outre classés entre eux dans l'ordre indiqué par les lettres suivantes de chaque nom. Ces dispositions de détail sont importantes en ce qu'elles ont pour résultat de faciliter les recherches et d'abréger beaucoup le travail.

Je vous recommande enfin, Monsieur le Préfet, de veiller à ce que les noms des aliénés soient écrits *très-lisiblement* et à ce que l'orthographe en soit exactement observée. Les erreurs ou les différences dans la manière d'écrire ces noms me portent souvent à douter de l'identité des individus, et m'obligent à vous adresser de fréquentes demandes de renseignements dont il convient de prévenir la nécessité.

Je vous prie de vouloir bien m'accuser réception de cette circulaire.

---

16 août 1842. — Circulaire du Ministre de l'intérieur *relative à la dépense des aliénés dans les asiles publics et dans les hôpitaux.*

Monsieur le Préfet, des instructions détaillées vous ont été transmises, par les circulaires de mon ministère, des 5 août 1839, 5, 14, 16 août 1840 et 12 août 1841, sur les divers points du service des aliénés dont vous devez, chaque année, entretenir le conseil général. Je n'ai rien à ajouter à ces circulaires quant aux différents objets sur lesquels elles ont statué, et je me borne, en conséquence, à vous prier de vouloir bien vous y reporter et en suivre exactement les dispositions. Je vous invite notamment à faire dresser vos états de propositions conformément aux modèles annexés à ma circulaire du 12 août 1841.

Mais je crois devoir vous adresser quelques instructions nouvelles sur l'exécution des articles 1er, 24 et 26 de la loi du 30 juin 1838.

Vous savez, Monsieur le Préfet, qu'aux termes de l'article 36 de cette loi, s'il existe dans votre département quelque établissement public consacré au traitement des aliénés, vous devez, après avoir pris à cet égard l'avis du conseil général et l'avis, soit du directeur et de la commission de surveillance, soit de la commission administrative de l'établissement, régler, par un arrêté, la dépense de l'entretien, du séjour et du traitement des personnes qui y seront admises. Vous savez qu'il convient, en général, d'établir plusieurs classes de pensionnaires et, par suite, différents prix de pensions.

Mais j'ai remarqué que les arrêtés pris à cet effet entrent souvent dans des détails tout à fait surabondants. Ainsi, ils déterminent, pour chaque classe, le régime alimentaire des aliénés, les vêtements qui leur seront fournis, les soins spéciaux qui leur seront donnés, etc. Ce n'est pas dans ces arrêtés que ces détails doivent figurer; ils doivent être exclusivement réservés pour trouver place dans les règlements de service intérieur des établissements.

D'autres arrêtés fixent, au lieu de prix de journée, des prix de pensions par an. Ce dernier mode de fixation présente plusieurs inconvénients. Il nécessite de nouveaux calculs chaque fois qu'il s'agit, soit de régler la somme due pour le séjour d'un aliéné, soit d'en répartir le payement entre la famille, la commune et le département; il ne permet presque jamais d'arriver à des résultats parfaitement exacts : il a donc pour effet de compliquer inutilement la comptabilité et de nuire à sa régularité. Je vous recommande, Monsieur le Préfet, de déterminer toujours *par journée* les divers prix à payer pour l'entretien et le traitement des aliénés dans tous les asiles ou établissements publics de votre département.

Les mêmes observations sont applicables aux prix à stipuler dans les traités passés entre des départements et des asiles privés, pour le placement des aliénés de ces départements. Ces prix doivent toujours être déterminés par journée, et je ne saurais donner mon approbation à ceux de ces traités, à conclure ou à proroger, dans lesquels ces prix seraient fixés différemment. Si donc, dans des traités à renouveler, il avait été stipulé des prix annuels seulement, l'indication du prix de journée devrait être substituée à celle de ces anciens prix.

Parmi les arrêtés réglant les prix de journée à payer aux hospices et hôpitaux civils, pour le séjour provisoire dans ces établissements des aliénés qui y sont déposés, en exécution de l'article 24 de la loi, il en est un certain nombre qui ne règlent ces prix que relativement aux aliénés du département, ou même aux aliénés du département dirigés sur l'asile qui doit les recevoir définitivement. Ces arrêtés ne me paraissent satisfaire qu'incomplétement au vœu de la loi.

Les hospices et hôpitaux civils doivent recevoir, sans distinction, tous les aliénés qui, jugés dangereux par l'autorité publique et comme tels privés par elle de leur liberté, sont dirigés d'un lieu quelconque sur un autre lieu par ordre de cette autorité, ou même sous sa seule autorisation. Or, ces infortunés peuvent être souvent transférés ainsi, soit d'un asile dans un autre asile, lorsque leur translation est demandée par leur famille et qu'elle ne paraît pas présenter d'inconvénients, soit d'un département dans un autre département, lorsqu'il est reconnu que celui dans lequel ils avaient d'abord été séquestrés n'est pas celui de leur domicile de secours.

Les arrêtés réglant le prix de journées à payer aux hospices et hôpitaux, pour le séjour provisoire des aliénés, doivent donc être applicables à tous les aliénés placés d'office, qu'ils soient dirigés sur l'asile dans lequel le département les place ou sur tout autre point, qu'ils appartiennent au département ou non, qu'ils voyagent par ordre de l'autorité ou seulement avec son autorisation.

Je vous prie, Monsieur le Préfet, de ne pas perdre de vue les observations qui précèdent, dans la rédaction des arrêtés que vous aurez bientôt à prendre sur les objets ci-dessus.

Je désire que les divers envois relatifs au service des aliénés que vous aurez à me faire après la session du conseil général, et qui sont énumérés dans la circulaire du 16 août 1840, me parviennent, cette année comme les années précédentes, au plus tard le 30 septembre prochain.

---

31 août 1842. — Circulaire du Ministre de l'intérieur *sur l'exécution de l'article* 1er *de la loi du* 30 *juin* 1838.

Monsieur le Préfet, la loi du 30 juin 1838 statue, par son article 1er, que les traités passés entre les départements et les asiles publics ou privés consacrés aux aliénés, pour le placement de ces infortunés dans ces asiles, seront approuvés par le ministre de l'intérieur.

En exigeant cette approbation, la loi n'a pas eu pour objet de soumettre seulement à l'appréciation du ministre les conditions relatives aux prix de journées et au régime intérieur des établissements. Elle a voulu que l'Administration centrale fût ainsi appelée à examiner toutes les questions qui rentrent en même temps dans l'intérêt départemental et se rattachent à l'organisation du service des aliénés ; à rechercher si le traité soumis à sa sanction est, pour le département, la meilleure manière de venir au secours de ses insensés ; à examiner si ce département ne devrait pas plutôt former un asile spécial; à s'assurer enfin si l'établissement avec lequel il traite offre les garanties suffisantes, et s'il est en état de remplir les engagements qu'il contracte. Il importe surtout que les aliénés des divers départements soient répartis entre les différents établissements du royaume, d'après une vue d'ensemble, de manière à ce qu'aucun de ces établissements ne soit surchargé, et à ce que partout, cependant, des places et des secours soient assurés aux malades.

Mais, pour opérer et maintenir cette répartition intelligente, j'ai besoin de connaître exactement quels sont tous les asiles publics ou privés qui reçoivent des aliénés indigents ; quel est le nombre des aliénés de chaque sexe que chacun d'eux renferme ; à quels départements ces aliénés appartiennent ; quel est le prix de journée payé pour leur entretien et leur traitement; quels sont les asiles dans lesquels existent encore des places vacantes, ou dans lesquels se presse, au contraire, une population trop nombreuse; enfin, sur quels établissements paraissent devoir être dirigés de préférence les aliénés de chaque département.

Ce sont ces renseignements que je vous prie, Monsieur le Préfet, de vouloir bien me fournir.

Ainsi que l'a déjà expliqué la circulaire du 10 avril 1839, il faut entendre par aliénés indigents tous ceux aux dépenses desquels il est pourvu, en totalité ou pour une partie quelconque, sur les fonds des hospices, des communes ou des départements.

Indépendamment du prix de journée, s'il est de règle ou de convention de payer, dans quelques établissements, quelque autre somme, par exemple, pour droit d'entrée, pour frais de trousseau ou à tout autre titre, je vous prie de vouloir bien en faire mention dans vos observations.

Comme je l'ai déjà dit, certains asiles ont des places vacantes et attendent des malades ; d'autres sont, au contraire, en quelque sorte encombrés. Si l'une ou l'autre de ces circonstances se présente dans votre département, vous la signalerez à mon attention par une remarque spéciale. Vous vous fixerez, dans tous les cas, d'une manière exacte et précise, sur le nombre des aliénés de chaque sexe que chaque établissement peut recevoir, et vous m'en indiquerez le chiffre. Enfin, si ce chiffre devait être modifié dans un délai assez rapproché (une ou deux années), par suite de constructions nouvelles, de nouveaux aménagements, de suppressions de bâtiments et de toute autre circonstance, vous auriez soin de me le faire connaître.

La répartition entre les départements des places à donner dans les asiles me paraît devoir être principalement déterminée par les considérations suivantes : les distances à parcourir par les aliénés, la facilité des communications, la fréquence des rapports, la conformité des mœurs, des usages, du langage, du climat, etc. Il convient toutefois que les aliénés du même département soient, autant que possible, réunis dans un ou deux asiles.

Vous voudrez bien m'indiquer aussi le nombre de pensionnaires traités dans chaque établissement, et les prix ordinaires de pensions payés par eux.

Enfin, Monsieur le Préfet, vous joindrez à ces documents toutes les observations que votre expérience vous suggérera, et tous les renseignements que vous jugerez utile de porter à ma connaissance.

Je vous adresse ci-joint, pour recevoir ces diverses indications, deux cadres que vous ferez remplir conformément au modèle figuré que vous trouverez à la suite de cette circulaire. L'un de ces cadres sera conservé par vous ; l'autre devra m'être transmis avant le 30 septembre prochain.

Je vous prie de vouloir bien m'accuser réception de la présente circulaire.

TABLEAU.

… sont situés.	NOMS des asiles publics ou des hospices ayant un quartier d'aliénés.	NOMS des asiles privés et de leurs directeurs	DÉPARTEMENTS qui placent dans ces asiles leurs aliénés indigents (hommes) avec indication du nombre pour chaque département.	Prix de journée payé par chaque département.	Total des aliénés (hommes) placés dans chaque asile.	DÉPARTEMENTS qui placent dans ces asiles leurs aliénés indigents (femmes) avec indication du nombre pour chaque département.	Prix de journée payé par chaque département.	Total des aliénés (femmes) placés dans chaque asile.	Quel est le nombre d'aliénés indigents que l'asile peut convenablement recevoir ?			DÉPARTEMENTS entre lesquels il paraît convenable de répartir ces places avec indication pour chacun d'eux.		ALIÉNÉS pensionnaires, traités en outre dans chaque asile.		OBSERVATIONS.
									Hommes.	Femmes.	Total.	Hommes.	Femmes.	Hommes.	Femmes.	
…	L'Antiquaille.	»	Rhône. . 100 Loire . . 45 Hte-Loire 20 TOTAL. 165	1f00c 1 25 1 25	170 (1)	Rhône. . 75 Loire . . 60 Hte-Loire 10 TOTAL. 145	0f90c 0 75 0 75	145	180 (2)	150	330	Rhône 120 Loire. 60	Rhône 90 Loire. 60	6 à 8f 10 à 4 12 à 2	2 à 8f 7 à 4 10 à 2	(1) L'asile contient en ce moment 5 aliénés qui n'y sont que provisoirement et qui doivent être transférés dans d'autres établissements.
…	»	Rue des Moulins, 17. M. Jean, directeur.	»	»	»	Hte-Loire 20	1 00 (3)	20	»	40	40	»	»	»	5 à 3f 11 à 3 environ.	(2) On construit en ce moment un nouveau pavillon qui permettra de recevoir, en 1844, 50 aliénés (hommes) indigents de plus.
…uil-…ère.	»	St-Pierre et St-Paul Directeur, M. Pierre.	Ain. . . 40 Ht-Loire 60 TOTAL. 100	1 10	100	»	»	»	120	»	120	Ain. 40 Haute-Loire. 80	» »	15 à 1f25 jusqu'à 3f	» »	(3) On paie en outre, par chaque aliéné, un droit d'entrée de 5 fr.
…oix-…isse.	»	La Santé. Directeur, M. Paul.	»	»	»	Ain. . . 20	0 75	20	»	»	20 (4)	»	»	»	»	(4) Les aliénés indigents ne sont pas, dans cet asile, l'objet d'assez de soins ; il conviendrait de ne plus y en placer.

…TA. Les indications portées sur ce modèle sont tout à fait fictives et prises au hasard.

28 janvier 1843. — Circulaire du Ministre des finances *sur divers points de la comptabilité.*

La présente circulaire a pour objet, Monsieur, de vous faire connaître, ou de recommander d'une manière spéciale à votre attention, plusieurs dispositions qui se rattachent, pour la plupart, à la reddition des comptes et à d'autres parties de la comptabilité des communes et des établissements de bienfaisance.

Une ordonnance royale du 24 janvier courant, délibérée en Conseil d'État, modifie deux points importants des règlements actuels sur la comptabilité des communes et établissements publics.

TITRE Ier. — FIXATION DE LA CLÔTURE DE L'EXERCICE AU 31 MARS DE LA SECONDE ANNÉE, POUR TOUTES LES COMMUNES ET ÉTABLISSEMENTS PUBLICS INDISTINCTEMENT.

L'une de ces modifications est relative à la clôture des exercices. L'ordonnance du 1er mars 1835, en posant à cet égard de nouvelles règles, avait fait une distinction entre les communes et établissements justiciables des conseils de préfecture et ceux qui relevaient de la Cour des comptes : pour les premiers, l'époque de la clôture de l'exercice était fixée au 31 mars de la seconde année, tandis que pour les autres elle était prolongée jusqu'au 30 juin. D'après la nouvelle ordonnance, il ne doit plus y avoir qu'un seul terme de clôture pour toutes les communes et tous les établissements publics indistinctement, et c'est l'époque du 31 mars qui est uniformément adoptée.

L'administration ne doute point que cette mesure ne procure aux communes qu'elle intéresse tous les avantages qu'en retirent déjà celles qui y sont soumises depuis 1835. Dans le premier système, la nécessité où se trouvaient les conseils municipaux des communes les plus importantes de ne délibérer sur les comptes que dans la session d'août avait des inconvénients réels.

Le report du boni de l'exercice clos à l'exercice courant avait lieu, notamment, à une époque trop tardive pour que les fonds pussent être utilisés dans l'année même, et, ainsi que M. le ministre de l'intérieur l'a fait remarquer dans sa circulaire consultative du 18 décembre 1841 (1), il en résultait fréquemment que les budgets supplémentaires étaient réglés avec des excédants de recette considérables, dont on s'autorisait ensuite pour arrêter les nouveaux budgets avec un déficit. Sous le régime nouveau, au contraire, les faits doivent s'enchaîner méthodiquement et sans lacune d'un exercice à l'autre ; au moyen du resserrement de la durée de l'exercice, les conseils municipaux en délibéreront dans la session de mai, et l'application des bonis pourra être faite immédiatement aux besoins de l'année courante. Il y aura enfin plus de régularité et de promptitude dans l'exécution des services, et les résultats soumis au contrôle de l'autorité supérieure étant plus complets pourront aussi être plus facilement appréciés.

TITRE II. — PRODUCTION A FAIRE DIRECTEMENT PAR LES RECEVEURS DE LEURS COMPTES DE GESTION A LA COUR DES COMPTES.

La seconde modification apportée aux règles actuelles par l'ordonnance du 24 janvier se rattache aux formes de la production des comptes. L'article 480 de l'ordonnance du 31 mai 1838 sur la comptabilité publique, dont les termes ont été reproduits par l'article 1334 de l'instruction générale du 17 juin 1840, avait remis en vigueur l'article 5 de l'ordonnance du 23 avril 1823, d'après lequel les comptes de gestion des receveurs justiciables de la Cour des comptes devaient parvenir à cette Cour *par l'entremise et avec les observations des préfets,* dans les deux mois de la délibération des conseils municipaux. Mais, sur des observations de la Cour des comptes que les ministères de l'intérieur

---

(1) Voir cette instruction à sa date.

et des finances ont prises en grande considération, cette marche a dû être réformée, et l'article 2 de la nouvelle ordonnance dispose qu'à l'avenir les comptables enverront directement leurs comptes au greffe de la Cour des comptes, conformément au principe posé par l'article 12 de la loi du 16 septembre 1807.

Par suite de ce changement, les observations que MM. les préfets auront à présenter sur les comptes des receveurs ne seront plus puisées par eux dans ces comptes mêmes, mais dans les éléments combinés du compte d'administration et de l'état de la situation de l'exercice clos que les comptables doivent adresser aux maires dans la première quinzaine qui suit la clôture de l'exercice. Il sera donc essentiel que ce dernier état soit fourni avec la plus grande exactitude, afin que les préfets soient mis à portée d'envoyer les comptes d'administration à la Cour des comptes, avec leurs observations, en même temps que les receveurs eux-mêmes y déposeront leurs propres comptes avec toutes les pièces à l'appui.

Les nouvelles dispositions qui précèdent devant recevoir leur exécution à partir des comptes de l'année 1842, MM. les receveurs des finances sont invités à les notifier sans retard à ceux des receveurs municipaux et hospitaliers qu'elles concernent spécialement, et à leur tracer la nouvelle marche qu'ils auront à suivre, tant pour la reddition de leurs comptes que pour leur envoi direct. MM. les préfets auront, de leur côté, à prendre des mesures pour que les comptes d'administration des maires et des commissions administratives leur parviennent en temps utile avec toutes les justifications nécessaires, et des instructions vont leur être adressées à cet effet par M. le ministre de l'intérieur.

Je saisis cette occasion pour donner une explication sur le sens véritable des articles 479 et 480 de l'ordonnance du 31 mai 1838, qui ont paru présenter entre eux quelque contradiction sous le rapport de la fixation du délai dans lequel les comptes doivent être déposés au greffe de la Cour des comptes. Ainsi que le prescrit le premier de ces articles, cette production doit être faite *avant le* 1er *juillet* de l'année qui suit celle pour laquelle les comptes sont rendus ; et, quant aux mots *deux mois au plus tard* que renferme l'article 480, ils n'ont eu d'autre objet que de définir le temps qui doit s'écouler entre la délibération du conseil municipal, qui a toujours lieu dans les premiers jours de mai, et le 1er juillet suivant.

TITRE III. — POURVOIS EN RÉVISION ET D'APPEL CONTRE LES ARRÊTÉS DE COMPTES DES CONSEILS DE PRÉFECTURE ET DE LA COUR DES COMPTES.

Quelques observations ont été faites sur les termes de l'article 1345 de l'instruction générale du 17 juin 1840 (1), relatif aux pourvois que les comptables, les autorités locales et les ministères de l'intérieur et des finances peuvent avoir à former contre les arrêtés de comptes rendus par les conseils de préfecture et la Cour des comptes. Cet article porte que le pourvoi a deux degrés : la demande en révision devant les premiers juges et l'appel devant une autre juridiction. L'on en a tiré cette induction que, pour arriver à l'appel devant une autre autorité, il fallait avoir passé par la demande en révision, laquelle demande se trouvait ainsi confondue avec la faculté ouverte aux comptables, par l'arrêté du 29 frimaire an IX, de répondre par des explications, dans un délai de deux mois, aux injonctions des premiers arrêtés intervenus sur leurs comptes.

Cette interprétation, à laquelle l'article 1345, pris isolément, a pu en effet donner lieu, n'en est pas moins contraire aux véritables principes sur la matière, dont une définition exacte se trouve d'ailleurs dans les articles subséquents. Il n'existe, en effet, aucune corrélation entre la demande en révision, qui doit

(1) Voir cette instruction à sa date.

toujours être formée devant les premiers juges, mais seulement dans certains cas déterminés par la loi, et le pourvoi d'appel, qui a lieu devant la juridiction supérieure. Ces deux moyens de recours ne peuvent non plus être employés l'un et l'autre que contre des arrêtés devenus définitifs ; ils sont par conséquent tout à fait indépendants des réponses que les comptables peuvent avoir à faire, dans le délai de deux mois, aux injonctions des arrêtés provisoires.

D'après ces explications, qui ont été portées à la connaissance de la Cour des comptes, j'ai décidé que la rédaction de l'article 1345 de l'instruction générale du 17 juin 1840 serait modifiée ainsi qu'il suit :

« Les comptables, les administrations locales et les minis-
« tères de l'intérieur et des finances peuvent, dans certains
« cas, demander la révision des arrêtés de comptes devant les
« premiers juges.

« Ils ont également le droit de se pourvoir contre ces arrêtés
« devant une juridiction supérieure. »

MM. les receveurs des finances voudront bien annoter ce changement sur l'exemplaire de l'instruction générale qu'ils ont entre les mains.

Titre IV. — Examen par les conseils municipaux des budgets et des comptes des hospices et établissements de bienfaisance

Aux termes de l'article 21 de la loi du 18 juillet 1837 sur l'administration municipale, les conseils municipaux sont appelés à donner leur avis sur les budgets et les comptes des hospices et autres établissements de bienfaisance.

Cette disposition, qui n'admet point d'exception, a été reproduite exactement par l'article 894 de l'instruction générale du 17 juin 1840 ; mais l'article 1331 de la même instruction n'ayant désigné, à tort, que les seuls établissements et hospices *subventionnés par les communes,* il serait à craindre que cette contradiction, déjà signalée par la Cour des comptes et par M. le ministre de l'intérieur, n'induisît en erreur les comptables et les autorités administratives locales. Je crois donc devoir rappeler ici que les comptes des établissements de l'espèce doivent tous, sans distinction, être soumis à l'examen des conseils municipaux, et n'être présentés à l'autorité chargée de les juger qu'accompagnés de la délibération de ces conseils.

Titre V. — Admission en non-valeur, dans la comptabilité des communes et des établissements de bienfaisance, de sommes reconnues irrécouvrables.

Une instruction de M. le ministre de l'intérieur, du 31 août dernier, a modifié les formes précédemment suivies pour l'admission en non-valeur, dans la comptabilité des communes et des établissements publics, des sommes qui ne peuvent être recouvrées par suite de l'insolvabilité des débiteurs.

Pour faire disparaître ces reliquats de leurs écritures et de leurs comptes, les receveurs municipaux et hospitaliers n'ont plus à faire dépense de la somme admise en non-valeur pour balancer la recette dont ils se sont chargés sur le titre primitif. Ce mode, que traçait l'article 1317 de l'instruction générale du 17 juin 1840, a été reconnu ne pouvoir se concilier avec les nouvelles formes de comptabilité établies en exécution de l'ordonnance du 1er mars 1835, pour le report des restes à recouvrer d'un exercice à l'exercice suivant. Désormais, l'admission en non-valeur sera prononcée par une décision spéciale de l'autorité qui aura réglé le budget de la commune ou de l'établissement; elle ressortira dans les comptes du receveur par la réduction du titre primitif dans la colonne des sommes à recouvrer d'après les titres et actes justificatifs ; il sera produit au soutien une expédition de la décision d'annulation, laquelle, dans tous les cas, n'aura pu être prise qu'au vu, 1° de la délibération du conseil municipal ou de la commission administrative qui aura proposé l'admission en non-valeur; 2° d'un extrait de l'arrêt de la Cour des comptes ou du conseil de préfecture, qui, en admettant le reliquat dans les restes à recouvrer susceptibles d'être reportés à l'exercice suivant, aura dégagé la responsabilité du comptable ; 3° de toutes les pièces établissant l'insolvabilité du débiteur et l'impossibilité du recouvrement; 4° enfin, de l'avis du préfet et du sous-préfet sur l'objet de la demande.

TITRE VI. — MODE DE TRANSMISSION DES MANDATS DE JOURNÉES D'HOPITAL PAYABLES, SUR LES CRÉDITS DU MINISTÈRE DE LA GUERRE, ENTRE LES MAINS DES RECEVEURS D'HOSPICES.

L'administration avait été informée que MM. les intendants militaires étaient dans l'usage d'envoyer directement aux maires les mandats en vertu desquels doivent être acquittées, entre les mains des receveurs hospitaliers, les dépenses de journées d'hôpital, payables sur les crédits du ministère de la guerre.

Cet usage étant contraire au principe d'ordre et de surveillance qui veut qu'aucun titre de recette ou de dépense, concernant les communes et établissements de bienfaisance, ne parvienne aux receveurs municipaux et hospitaliers que par l'entremise des receveurs des finances, sous la direction desquels ils sont placés, M. le ministre de la guerre, sur la demande des ministres de l'intérieur et des finances, a décidé, sous la date du 18 mai dernier, que cette entremise serait employée désormais pour tous les mandats de l'espèce, et des instructions ont été données, en conséquence, aux fonctionnaires de l'intendance militaire.

TITRE VII. — MANDATS DE SECOURS DÉLIVRÉS AU NOM DES PERCEPTEURS ET DES RECEVEURS MUNICIPAUX ET HOSPITALIERS, SUR LE CRÉDIT AFFECTÉ, DANS LE BUDGET DU MINISTÈRE DU COMMERCE, AUX INDEMNITÉS DE PERTES RÉSULTANT DE GRÊLE, INCENDIES, ETC.

Des dispositions semblables vont être prises par M. le ministre de l'agriculture et du commerce, à l'égard des mandats que les préfets délivrent en vertu de ses crédits de délégation, avec imputation sur le fonds spécial de secours affecté, dans le budget de son département, à la réparation des pertes résultant de grêle, d'incendie, etc. Ces mandats, destinés à indemniser des contribuables ou des communes et établissements de bienfaisance, sont, la plupart du temps, envoyés directement aux percepteurs et aux receveurs municipaux et hospitaliers, et les receveurs des finances restent ainsi complétement étrangers à la recette et à l'emploi de ces fonds. M. le ministre du commerce, avec lequel je m'en suis entendu, a reconnu que ce mode de transmission pouvait, en effet, avoir des inconvénients, et des instructions adressées par lui à MM. les préfets y remédieront en prescrivant l'envoi des mandats dont il s'agit par l'intermédiaire des receveurs des finances, conformément au principe ci-dessus rappelé.

MM. les receveurs des finances, avant de transmettre les mandats aux comptables chargés d'en effectuer la recette, devront prendre note de cette remise sur leur carnet des revenus et titres de recette des communes et établissements publics, conformément à l'article 1090 de l'instruction générale du 17 juin 1840.

Titre VIII. — Explications sur les formes à suivre en ce qui concerne l'emploi du crédit ouvert dans les budgets communaux pour dépenses imprévues.

Des difficultés se sont élevées dans quelques départements relativement à l'interprétation donnée par l'article 440 du règlement général du 31 mai 1838 à l'article 37 de la loi du 18 juillet 1837, en ce qui concerne l'emploi du crédit porté au budget des communes pour *dépenses imprévues*. Il résultait de cette interprétation, reproduite depuis par l'article 221 du règlement particulier de l'intérieur et par l'article 707 de l'instruction générale des finances du 17 juin 1840, que l'obligation imposée aux maires par la loi, de ne disposer de ce fonds *qu'avec l'approbation du préfet et du sous-préfet,* devait être entendue en ce sens que l'approbation serait donnée *par le préfet pour les budgets réglés par le roi,* et *par le sous préfet pour ceux qui auraient été réglés par le préfet.* Mais, après un nouvel examen de ces dispositions par les ministères de l'intérieur et des finances, il a été reconnu que le vœu de l'article 37 de la loi du 18 juillet 1837 était que l'emploi du crédit fût soumis seulement à l'approbation de l'autorité la plus rapprochée, c'est-à-dire à celle qui administre l'arrondissement dont fait partie la commune intéressée. On a considéré que cette solution est celle qui s'accorde le mieux avec le dernier paragraphe du même article, qui laisse aux maires des communes autres que les chefs-lieux de département et d'arrondissement la faculté d'employer le crédit sans autorisation préalable, à la seule condition d'en informer immédiatement le sous-préfet et d'en rendre compte au conseil municipal dans la première session ordinaire qui suit la dépense effectuée.

M. le ministre de l'intérieur a donné des explications dans ce sens à MM. les préfets des départements où la question s'est présentée ; elles devront également servir de règle aux receveurs municipaux dans l'application des dispositions qui précèdent, jusqu'à ce que l'article 440 du règlement général du 31 mai 1838 ait pu être réformé par l'insertion d'un article nouveau dans le règlement supplémentaire de l'intérieur, qui sera incessamment soumis à l'approbation du roi.

Quant à l'article 707 de l'instruction générale du 17 juin 1840, la rédaction devra en être modifiée ainsi qu'il suit :

« § 3. Le crédit pour dépenses imprévues est employé par le « maire, avec l'approbation du préfet pour les communes de « l'arrondissement chef-lieu et des sous-préfets pour les autres « arrondissements. »

Titre IX. — Admission des asiles publics d'aliénés a placer leurs fonds disponibles au trésor, avec intérêt.

Dans plusieurs des départements où il existe des asiles publics d'aliénés, les receveurs généraux n'ont pas cru pouvoir admettre les agents comptables de ces établissements à faire le placement au Trésor, *avec intérêt*, des fonds qu'ils avaient en caisse, en excédant des besoins courants de leur service. Leur refus était motivé sur ce que les asiles d'aliénés n'étaient pas compris nominativement dans la nomenclature des établissements auxquels cette faculté a été réservée par l'article 624 de l'instruction générale du 17 juin 1840.

Cette interprétation n'est pas fondée : la décision ministérielle du 4 juillet 1839, dont l'instruction générale du 17 juin 1840 n'a fait que reproduire les dispositions, n'a pas eu seulement pour objet d'établir quelques catégories spéciales ; elle a posé aussi un principe d'application générale : elle a voulu que tous les établissements dont le service financier et la comptabilité sont placés sous la surveillance de l'administration des finances eussent, comme les communes, le droit de verser leurs fonds libres au Trésor, à titre de placement en compte courant *avec intérêt*. Or, les hospices d'aliénés, ayant été soumis par l'ordonnance du 18 décembre 1839 à toutes les règles d'ordre et de surveillance qui régissent le service des hospices et des établissements de bienfaisance, doivent jouir nécessairement des mêmes avantages et être reçus, comme eux, à faire fructifier les ressources dont ils disposent, en plaçant au Trésor, avec intérêt, les fonds dont ils ne doivent pas faire emploi immédiatement.

Des explications ont été données dans ce sens, sur la demande expresse des préfets et de M. le ministre de l'intérieur, dans les départements où la question s'est présentée ; mais il était utile que l'observation fût généralisée, et MM. les receveurs des finances sont invités à en prendre note, afin d'y avoir égard dans l'occasion.

TITRE X. — MODE DE VERSEMENT DU DIXIÈME REVENANT AU TRÉSOR SUR LE PRODUIT DES OCTROIS. DISTINCTION A FAIRE ENTRE LES OCTROIS QUI SE PERÇOIVENT EN RÉGIE SIMPLE OU PAR ABONNEMENT, ET LES OCTROIS EN FERME OU EN RÉGIE INTÉRESSÉE.

Des doutes se sont élevés, dans plusieurs départements, sur la manière dont il devait être tenu compte au Trésor *du dixième du produit des octrois*. Des maires ont prétendu que, quel que fût le mode de perception de ce produit, le montant devait toujours en être versé intégralement à la caisse du receveur municipal, à la charge par ce comptable de reverser ensuite au Trésor la part qui serait reconnue lui appartenir; ils s'appuyaient sur ce que ni la loi du 18 juillet 1837 sur l'administration municipale, ni l'instruction générale du 17 juin 1840, n'établissaient de distinction à cet égard. Les agents de l'administration des contributions indirectes ont soutenu, au contraire, qu'il n'avait été rien changé à ce qui avait été statué par les lois et règlements antérieurs relativement à l'administration et à la comptabilité des octrois; que, comme par le passé, les octrois perçus *en régie simple ou par abonnement* étaient versés *en produit brut* à la caisse municipale, sauf reversement ultérieur du dixième du produit net au Trésor par le receveur municipal; mais qu'à l'égard des octrois en ferme ou en régie intéressée, les instructions de la régie et les modèles de cahiers des charges approuvés par le ministre des finances avaient maintenu l'obligation imposée aux fermiers par l'article 161 du décret du 17 mai 1809 et l'article 147 de la loi du 28 avril 1816 de verser de mois en mois, et par avance, le douzième du prix de leur ferme, savoir : 9/10 entre les mains du receveur municipal, et le dernier dixième, appartenant au Trésor, à la caisse du receveur des contributions indirectes.

La question a été examinée de nouveau, et il a été reconnu que cette dernière distinction entre les octrois qui se perçoivent en régie simple ou par abonnement, et les octrois en ferme ou en régie intéressée devait être maintenue. Il est toujours de règle, à l'égard des premiers, que le produit doit en être versé intégralement à la caisse du receveur municipal, parce que ce n'est qu'ultérieurement et après liquidation que la part du Trésor peut être établie et donner lieu à un reversement exact et régulier. Quant aux octrois en ferme ou en régie intéressée dont le produit, déterminé à l'avance par le prix du bail, ne peut éprouver aucune variation, rien ne s'oppose à ce que le prélèvement du dixième du Trésor soit versé à la fin de chaque mois, et directement, par le fermier à la caisse de la régie des contributions indirectes, puisque le fait de ce versement peut toujours être justifié, comme article de dépense, dans la comptabilité du receveur municipal, au moyen d'un bordereau arrêté en fin d'année par le directeur des contributions indirectes de l'arrondissement. Ce mode est, d'ailleurs, plus simple, et le Trésor y trouve l'avantage de réaliser plus tôt et sans difficulté un produit dont l'intervention des communes retarderait inévitablement le versement.

MM. les préfets sont invités, par une circulaire en date de ce jour, à adresser des instructions en conséquence aux maires de leur département respectif; MM. les receveurs des finances devront, de leur côté, veiller, chacun en ce qui le concerne, à ce que les receveurs municipaux suivent exactement la marche qui vient d'être rappelée.

Titre XI. — Vols de caisses. — Mesures a prendre par les comptables pour mettre a couvert leur responsabilité.

Il est arrivé dans plusieurs circonstances que des percepteurs ont été rendus responsables de vols commis à leur caisse, parce qu'ils n'avaient pas pris les précautions exigées par le décret du 8 floréal an X et l'article 1076 de l'instruction générale du 17 juin 1840, ou qu'ils avaient cru pouvoir y suppléer par d'autres précautions qu'ils supposaient équivalentes, mais qui n'ont pas été jugées telles par l'administration. C'est ainsi notamment que plusieurs de ces comptables, au lieu de coucher ou de faire coucher un homme sûr dans le lieu où leurs fonds étaient déposés, s'étaient bornés à établir un gardien dans une pièce contiguë, ou à pratiquer, par des ouvertures, une communication de la caisse avec une pièce habitée; que d'autres enfin, dont le bureau était situé au rez-de-chaussée, s'étaient abstenus de le faire griller, et avaient seulement ajouté des volets aux fenêtres, en dedans ou en dehors.

Il importe essentiellement que les receveurs des finances, en portant ces faits à la connaissance des percepteurs de leur arrondissement, leur rappellent qu'il est de leur intérêt, autant que de leur devoir, de ne négliger aucune des précautions qui leur sont tracées par les règlements pour mettre les fonds de leur caisse à l'abri de l'atteinte des malfaiteurs. L'administration, en posant à cet égard des règles précises, a voulu que les comptables n'eussent point à hésiter sur la nature des dispositions qu'ils avaient à prendre pour que leurs fonds fussent en sûreté et pour garantir leur responsabilité ; ils ne sauraient donc y apporter une trop sérieuse attention. MM. les receveurs des finances n'ignorent pas, d'ailleurs, que, sur ce point comme sur tout ce qui se rattache à la gestion de leurs subordonnés, ils doivent eux-mêmes ne pas se borner à de simples recommandations : leur responsabilité personnelle pouvant se trouver engagée, dans les cas où un percepteur coupable de négligence se trouverait dans l'impossibilité de réintégrer le montant du vol qui aurait été commis à sa caisse, ils doivent exiger que les règles prescrites soient ponctuellement exécutées, et s'assurer par eux-mêmes de l'état des localités sous ce rapport, dans les tournées qu'ils font, chaque année, dans les perceptions soumises à leur surveillance.

TITRE XII. — CORRESPONDANCE EN FRANCHISE, SOUS BANDES, DES RECEVEURS D'ÉTABLISSEMENTS DE BIENFAISANCE, AVEC LE RECEVEUR GÉNÉRAL DE LEUR DÉPARTEMENT ET LE RECEVEUR PARTICULIER DES FINANCES DE L'ARRONDISSEMENT.

Une décision de M. le ministre des finances, du 29 septembre 1842, a autorisé les receveurs des établissements de bienfaisance à correspondre en franchise, sous bandes, avec le receveur général de leur département et avec le receveur particulier des finances sous la surveillance duquel ils sont immédiatement placés.

Cette décision, qui modifie et complète le troisième paragraphe de l'article 1217 de l'instruction générale du 17 juin 1840, d'après lequel la même facilité est accordée aux receveurs d'hospices, a été notifiée à MM. les préfets par une circulaire de M. le ministre de l'intérieur, du 8 octobre dernier.

MM. les receveurs des finances voudront bien, de leur côté, la porter à la connaissance des comptables de leur arrondissement respectif, auxquels elle s'applique spécialement.

TITRE XIII. — OBSERVATIONS SUR LA FACULTÉ LAISSÉE AUX RECEVEURS DES FINANCES DE DISPENSER LES RECEVEURS MUNICIPAUX DE LA TENUE DE LIVRES DE DÉTAIL, POUR LES COMMUNES DONT LE BUDGET NE SE COMPOSE QUE D'UN PETIT NOMBRE D'ARTICLES DE RECETTES ET DE DÉPENSES.

Dans plusieurs départements, les receveurs des finances ont imposé aux percepteurs-receveurs municipaux l'obligation de tenir des *livres de détail* de recettes et de dépenses communales, bien qu'aux termes de l'article 1225 de l'instruction générale il y eût lieu de les en dispenser à raison du petit nombre d'articles de recette et de dépense des budgets.

Je rappelle à MM. les receveurs des finances qu'il convient de n'astreindre les percepteurs-receveurs municipaux à la tenue de ces registres qu'autant que l'ordre de la comptabilité l'exige réellement. Leurs perceptions se composant, en général, de plusieurs communes, et la plupart de ces communes, dans un grand nombre de départements, n'ayant d'autre revenu que le produit des centimes communaux, on comprend que l'ouverture d'un livre de détail pour chaque commune aurait pour résultat d'accroître les charges des receveurs municipaux, sans avantage pour le service. Sous ce rapport donc, l'exception consacrée par l'instruction générale, mais dont l'administration ne peut que laisser aux receveurs des finances le soin d'apprécier la convenance, doit être maintenue.

TITRE XIV. — COMPTES D'AVANCES DE FRAIS DE PROCÉDURE ET DE RENOUVELLEMENTS D'INSCRIPTIONS HYPOTHÉCAIRES CONCERNANT LES COMMUNES ET LES ÉTABLISSEMENTS DE BIENFAISANCE.

Les receveurs municipaux peuvent avoir à faire l'avance, en exécution de l'article 738 de l'instruction générale, *de frais de procédure* ou de *renouvellements d'inscriptions hypothécaires,* dans l'intérêt des communes et des établissements de bienfaisance dont ils gèrent les revenus. Ils doivent ouvrir, pour ces deux natures de dépenses, des comptes spéciaux sur leur livre des *comptes divers.*

Ces comptes seront employés selon le mode prescrit pour les *frais judiciaires en matière d'octroi,* et ils feront partie de ceux dont la nomenclature est donnée dans l'article 1252 de l'instruction générale (§ 12, 4e *section des comptes*). Il y aura lieu aussi d'ajouter au dernier paragraphe de l'article 1275 les mots suivants qui le termineront :

« Et pour les avances de frais de procédure ou de renouvellements d'inscriptions hypothécaires concernant les communes et les établissements de bienfaisance. »

TITRE XV. — MODE D'EMPLOI DU COMPTE *fonds particuliers* PAR LES PERCEPTEURS.

Des doutes se sont élevés sur la manière dont les percepteurs doivent faire emploi du compte *Fonds particuliers,* prescrit par le dernier paragraphe de l'article 1252 de l'instruction générale, lorsqu'ils se mettent en avance de leurs fonds personnels sur le service des contributions directes.

L'article ci-après, qui devra être inséré dans l'instruction générale, *sous le n°* 1269 *bis,* complétera les indications dont les comptables peuvent avoir besoin relativement à ces opérations.

« Lorsque les percepteurs se mettent en avance de leurs fonds personnels sur le service des contributions directes, ils doivent verser ces fonds dans leur caisse et les inscrire en recette, au compte *Fonds particuliers.*

« Ils portent la recette au livre à souche, ainsi qu'au livre récapitulatif, dans la colonne des produits divers, et ils s'en délivrent à eux-mêmes une quittance détachée de ces registres.

« L'envoi qu'ils font ensuite, au receveur de leur arrondissement, des fonds avancés par eux, figure en dépense dans leur comptabilité, mais seulement comme versement au receveur des finances sur le produit des contributions, de telle sorte que l'excédant des versements corresponde à l'avance portée en recette au compte des *Fonds particuliers.*

« Lorsqu'ils opèrent dans leur caisse la reprise à leur profit de tout ou partie de leur avance, ils font dépense de la somme retirée au compte *Fonds particuliers*, et ils annotent l'opération au dos de la quittance qu'ils s'étaient délivrée lors du versement des fonds dans leur caisse.

« L'excédant des recettes sur les dépenses constatées au compte *Fonds particuliers* exprime ainsi la somme dont le percepteur reste en avance.

« Le compte *Fonds particuliers* doit toujours être placé le dernier dans la 3e section du livre des comptes divers. »

Il y aura lieu également de substituer la mention suivante à celle qui termine l'état de situation compris dans le procès-verbal de vérification des percepteurs (modèle 166 de l'instruction générale, page 296) :

« Quant aux excédants de dépense, qui s'élèvent d'après le tableau ci-dessus à la somme de , nous avons reconnu qu'ils provenaient d'opérations autorisées par les règlements; »

Ou : « Nous avons eu à prescrire au comptable les régularisations ci-après.... »

---

24 juillet 1843. — Loi de finances. EXTRAIT. (*Art. 7 qui décide que les rétributions pour frais de visite des aliénés seront perçues au profit des départements, des communes, etc.*)

ART. 7. — Continuera d'être faite, pour 1844, au profit des départements, des communes, des établissements publics et des communautés d'habitants dûment autorisés, et conformément aux lois existantes, la perception... des rétributions pour frais de visite des aliénés placés volontairement dans des établissements privés (*art.* 9 *de la loi du* 20 *juin* 1838).

---

2 mai 1844. — Ordonnance *concernant les indemnités auxquelles auront droit les magistrats qui se transporteront à plus de cinq kilomètres de leur résidence pour visiter des établissements consacrés aux aliénés.*

ART. 1er. — Les magistrats qui, dans le cas prévu par l'article 4 de la loi du 30 juin 1838, se transporteront à plus de cinq kilomètres de leur résidence, auront droit aux indemnités déterminées par l'article 88 du décret du 18 juin 1811 (1),

---

(1) Article 88 du décret du 18 juin 1811 :

« Dans les cas prévus par les articles 32, 36, etc., du Code d'instruction criminelle, les juges et les officiers du ministère public recevront des indemnités ainsi qu'il suit : — s'ils se transportent à plus de cinq kilomètres de leur résidence, ils recevront, pour tous frais de voyage, de nourriture et de séjour, une indemnité de *neuf francs* par jour ; s'ils se transportent à plus de deux myriamètres, l'indemnité sera de *douze francs* par jour.

suivant les distinctions établies par ledit article, relativement aux distances.

Art. 2. — Ces indemnités seront payées sur les fonds affectés aux frais de justice criminelle, et dans la forme prescrite par le décret du 18 juin 1811.

Art. 3. — Lorsque les faits constatés par la visite donneront lieu à des poursuites judiciaires, le montant des indemnités avancées, en exécution de la présente ordonnance, par l'administration de l'enregistrement et des domaines, sera compris dans la liquidation des dépens et recouvré contre qui de droit, conformément aux règles tracées par le chapitre II du titre III du décret du 18 juin 1811.

Art. 4. — Notre garde des sceaux, ministre secrétaire d'État au département de la justice et des cultes, est chargé de l'exécution de la présente ordonnance, qui sera insérée au *Bulletin des lois*.

---

30 avril 1845. — Circulaire du Ministre de l'intérieur *relative aux aliénés. — Acceptation des libéralités consenties au profit des asiles départementaux d'aliénés. — Acquisitions pour ces établissements. — Adjudications.*

Monsieur le Préfet, des difficultés se sont élevées sur la question de savoir par qui devaient être opérées les acceptations des libéralités faites aux asiles d'aliénés et les acquisitions immobilières effectuées pour ces établissements. Je crois utile de vous adresser à cet égard quelques instructions, de nature à prévenir les difficultés semblables qui pourraient se présenter et à faciliter l'instruction de ces affaires.

La plupart des asiles d'aliénés ont été fondés par les départements, dont ils continuent de recevoir des subventions pour leur complète organisation, leur agrandissement ou l'amélioration de leurs services. Propriétaires de ces établissements, il est naturel que ces départements fassent eux-mêmes les acquisitions des terrains destinés à les agrandir, et, par conséquent, que ces acquisitions soient opérées par les préfets, au nom, soit de ces établissements, soit des départements.

Il convient, d'après les mêmes motifs, que les libéralités consenties au profit des établissements dont je viens de vous entretenir soient également acceptées par ces magistrats, et enfin qu'ils fassent au nom de ces asiles les divers actes de propriété analogues.

C'est également par les préfets qu'il doit, en principe, être procédé aux adjudications de travaux ou de fournitures à opérer pour les mêmes asiles. Jusqu'à présent ces adjudications ont été, dans divers établissements, effectuées par les directeurs; mais il vous appartient, Monsieur le Préfet, d'y procéder, soit par vous-même, soit par délégation.

---

22 mai 1845. — Instruction *de la régie de l'enregistrement et des domaines, relative à l'enregistrement des actes concernant l'admission dans les établissements publics consacrés aux aliénés.*

D'après les articles 8 et 18 de la loi du 30 juin 1838, les placements dans les établissements publics d'aliénés sont ou volontaires, ou ordonnés d'office par l'autorité publique. Dans l'un et l'autre cas, suivant les articles 27 et 28, les dépenses de l'entretien, du séjour et du traitement dans ces établissements sont à la charge, soit des personnes placées, soit de ceux auxquels il peut être demandé des aliments, aux termes des articles 205 et suivants du Code civil, soit enfin du département ou de la commune du domicile de l'aliéné. Ces dépenses sont réglées d'après un tarif arrêté par le préfet, conformément à l'article 26 de la même loi.

Quand le placement est ordonné d'office par l'autorité publique, aucun écrit ne constate l'engagement d'acquitter les frais de l'entretien, du séjour et du traitement de l'aliéné dans l'établissement public. Dans ce cas, le placement s'opère par les ordres du préfet, et l'obligation de ces dépenses pour ceux qui doivent les supporter résulte exclusivement des dispositions de la loi. Aucun engagement n'est également souscrit lorsque les dépenses sont mises à la charge du département ou de la commune du domicile de l'aliéné, quoique le placement soit volontaire.

Mais, dans cette même hypothèse de placement volontaire, la demande d'admission dans l'établissement public faite par les représentants ou par la famille de l'aliéné doit contenir, d'après la formule prescrite par les préfets, l'engagement de payer la pension aux prix et conditions fixés. Il s'est élevé la question de savoir si cet acte est sujet à l'enregistrement dans un délai déterminé, et de quel droit il est passible.

La demande d'admission portant engagement d'acquitter la pension n'est ni signée par le directeur de l'établissement d'aliénés, ni revêtue de l'approbation du préfet; elle est souscrite seulement par le curateur ou le membre de la famille qui réclame le placement de l'aliéné. Ainsi, d'une part, cet écrit ne peut être considéré comme un acte administratif, et, de l'autre, il ne présente point le caractère d'un contrat synallagmatique, tel qu'un marché ou un bail à nourriture de personne. L'engagement contenu dans la demande d'admission ne forme point, d'ailleurs, un lien de droit pour l'avenir : l'aliénation mentale, cause déterminante de l'obligation, peut cesser à tout instant, et, d'un autre côté, la sortie immédiate de toute personne placée dans un établissement d'aliénés peut être requise par les membres de la famille désignés à l'article 14 de la loi du 30 juin 1838, et spécialement par celui-là même qui a signé la demande d'admission.

Comme acte sous seing privé, l'acte dont il s'agit n'est point sujet à l'enregistrement dans un délai déterminé. En cas d'enregistrement, il n'est passible que du droit fixe d'un franc, par application de l'article 68, § 1er, n° 51, de la loi du 22 frimaire an VII.

C'est ce qui a été décidé par M. le ministre des finances le 2 avril 1845. Les droits qui auraient été perçus sur des actes de cette nature au delà d'un franc, en principal, seront restitués, si la prescription n'est point acquise.

---

16 août 1845. — Fixation *du prix de journée.*

Monsieur le Préfet, des instructions détaillées vous ont été transmises, par les circulaires de mon ministère, des 5 août 1839, 5, 14, 16 août 1840 et 12 août 1841, sur les divers points du service des aliénés dont vous devez, chaque année, entretenir le conseil général. Je n'ai rien à ajouter à ces circulaires quant aux différents objets sur lesquels elles ont statué, et je me borne, en conséquence, à vous prier de vouloir bien vous y reporter et en suivre exactement les dispositions. Je vous invite notamment à faire dresser vos états de propositions conformément aux modèles annexés à ma circulaire du 12 août 1841.

Mais je crois devoir vous adresser quelques instructions nouvelles sur l'exécution des articles 1er, 24 et 26 de la loi du 30 juin 1838.

Vous savez, Monsieur le Préfet, qu'aux termes de l'article 36 de cette loi, s'il existe dans votre département quelque établissement public consacré au traitement des aliénés, vous devez, après avoir pris à cet égard l'avis du conseil général et l'avis, soit du directeur et de la commission de surveillance, soit de la commission administrative de l'établissement, régler, par un arrêté, la dépense de l'entretien, du séjour et du traitement des personnes qui y seront admises. Vous savez qu'il convient, en général, d'établir plusieurs classes de pensionnaires, et, par suite, différents prix de pensions.

Mais j'ai remarqué que les arrêtés pris à cet effet entrent souvent dans des détails tout à fait surabondants. Ainsi, ils déterminent, pour chaque classe, le régime alimentaire des aliénés, les vêtements qui leur seront fournis, les soins qui leur seront donnés, etc. Ce n'est pas dans ces arrêtés que ces détails doivent figurer ; ils doivent être exclusivement réservés pour trouver place dans les règlements de service intérieur des établissements.

D'autres arrêtés fixent, au lieu de prix de journée, des prix de pensions par an. Ce dernier mode de fixation présente plusieurs inconvénients. Il nécessite de nouveaux calculs chaque fois qu'il s'agit, soit de régler la somme due pour le séjour d'un aliéné, soit d'en répartir le payement entre la famille, la commune et le département; il ne permet presque jamais d'arriver à des résultats parfaitement exacts : il a donc pour effet de compliquer inutilement la comptabilité et de nuire à sa régularité. Je vous recommande, Monsieur le Préfet, de déterminer toujours *par journée* les divers prix à payer pour l'entretien et le traitement des aliénés dans tous les asiles ou établissements publics de votre département.

Les mêmes observations sont applicables aux prix à stipuler dans les traités passés entre des départements et des asiles privés, pour le placement des aliénés de ces départements. Ces prix doivent toujours être déterminés par journée, et je ne saurais donner mon approbation à ceux de ces traités, à conclure ou à proroger, dans lesquels ces prix seraient fixés différemment. Si donc, dans des traités à renouveler, il avait été stipulé des prix annuels seulement, l'indication de prix de journée devrait être substituée à celle de ces anciens prix.

Parmi les arrêtés réglant les prix de journée à payer aux hospices et hôpitaux civils, pour le séjour provisoire dans ces établissements des aliénés qui y sont déposés, en exécution de l'article 24 de la loi, il en est un certain nombre qui ne règlent ces prix que relativement aux aliénés du département ou même aux aliénés du département dirigés sur l'asile qui doit les recevoir définitivement. Ces arrêtés ne me paraissent satisfaire qu'incomplétement au vœu de la loi.

Les hospices et hôpitaux civils doivent recevoir, sans distinction, tous les aliénés qui, jugés dangereux par l'autorité publique et comme tels privés par elle de leur liberté, sont dirigés d'un lieu quelconque sur un autre lieu par ordre de cette autorité, ou même sous sa seule autorisation. Or, ces infortunés peuvent être souvent transférés ainsi, soit d'un asile dans un autre asile, lorsque leur translation est demandée par leur famille et qu'elle ne paraît pas présenter d'inconvénients, soit d'un département dans un autre département, lorsqu'il est reconnu que celui dans lequel ils avaient d'abord été séquestrés n'est pas celui de leur domicile de secours.

Les arrêtés réglant les prix de journée à payer aux hospices et hôpitaux, pour le séjour provisoire des aliénés, doivent donc être applicables à tous les aliénés placés d'office, qu'ils soient dirigés sur l'asile dans lequel le département les place ou sur tout autre point, qu'ils appartiennent au département ou non, qu'ils voyagent par ordre de l'autorité ou seulement avec son autorisation.

Je vous prie, Monsieur le Préfet, de ne pas perdre de vue les observations qui précèdent, dans la rédaction des arrêtés que vous aurez bientôt à prendre sur les objets ci-dessus.

Je désire que les divers envois relatifs au service des aliénés que vous aurez à me faire après la session du conseil général, et qui sont énumérés dans la circulaire du 16 août 1840, me parviennent, cette année comme les années précédentes, au plus tard le 30 septembre prochain.

---

2 juillet 1846. — Circulaire du Ministre de l'intérieur *relative au logement des employés dans les asiles d'aliénés.*

Monsieur le Préfet, l'ordonnance royale du 18 décembre 1839 statue, par ses articles 7 et 10, que les directeurs et médecins des établissements publics consacrés au traitement des aliénés devront résider dans ces établissements.

Par suite de ces dispositions, et pour en assurer l'exécution, les arrêtés de nomination de ces fonctionnaires portent toujours qu'indépendamment du traitement qui leur est alloué, ils recevront, dans l'établissement, le logement et deux avantages en nature, accessoires ordinaires du logement, le chauffage et l'éclairage.

Quoique l'ordonnance du 18 décembre 1839 ne contienne point de disposition semblable à celle précitée, relativement aux receveurs, receveurs-économes et économes des établissements publics d'aliénés, il est quelquefois nécessaire, dans l'intérêt du service qui exige de la part de ces comptables une présence de tous les instants, de leur accorder le logement dans les asiles, et, dans ce cas, on peut leur accorder également le chauffage et l'éclairage. La même nécessité existe quelquefois aussi relativement aux aumôniers.

Quant aux médecins et préposés responsables des quartiers d'aliénés existant dans les hospices, il y a, à leur égard, pour qu'ils résident dans ces quartiers, les mêmes motifs qu'à l'égard des directeurs et médecins des asiles spéciaux, puisqu'ils sont chargés à peu près des mêmes fonctions et qu'ils ont la même responsabilité. Aussi doivent-ils jouir des mêmes avantages, du logement, du chauffage et de l'éclairage.

Jusqu'à présent les quantités des fournitures à attribuer à ces divers fonctionnaires n'ayant jamais été déterminées d'une manière générale, plusieurs préfets m'ont demandé de fixer ces quantités. D'autre part, dans quelques asiles, des fonctionnaires ont prétendu ne pas recevoir des allocations suffisantes ; tandis que, dans d'autres établissements, ces mêmes fournitures n'ont peut-être pas été réglées avec toute l'économie désirable.

Ces divers motifs m'ont décidé à adopter à cet égard des fixations générales et uniformes, que vous trouverez consignées dans mon arrêté de ce jour, dont je vous transmets ci-joint une ampliation. La fourniture du bois de chauffage m'a paru devoir être réduite pour quelques établissements situés dans nos départements les plus méridionaux, parce que l'hiver y exerce bien moins longtemps ses rigueurs que dans les autres parties de la France.

Quelques difficultés se sont aussi présentées sur le nombre de pièces dont les logements accordés aux employés des établissements d'aliénés doivent être composés. Mais à cet égard il est impossible d'arrêter de la même manière des fixations générales et invariables. Il importe, en effet, de concilier, autant que faire se peut, les circonstances locales et les nécessités de famille des employés.

Ces logements me paraissent devoir être composés, en général, de la manière suivante :

Logements des directeurs, directeurs-médecins, médecins

en chef et médecins, dans les asiles spéciaux : une salle à manger, un salon, deux chambres à coucher, à feu ; deux chambres de domestiques, une cuisine, un bûcher et une cave, ou dépendances équivalentes.

Logements des médecins adjoints, receveurs, receveurs-économes, économes dans les asiles spéciaux, des médecins, médecins-préposés responsables et préposés responsables, dans les quartiers d'aliénés : une salle à manger, deux chambres à coucher, à feu ; une cuisine, une chambre de domestique, un bûcher et une cave, ou dépendances équivalentes.

Mais ces indications, je ne vous les donne, Monsieur le Préfet, que pour diriger vos appréciations : c'est à vous qu'il appartient de déterminer, dans chaque établissement, la composition du logement à attribuer à chaque employé.

Je vous prie de m'accuser réception de la présente circulaire et d'en assurer l'exécution.

---

25 mars 1852. — Décret *sur la décentralisation administrative.*

Art. 1er. — Les préfets continueront de soumettre à la décision du ministre de l'intérieur les affaires départementales et communales qui affectent directement l'intérêt général de l'État, telles que l'approbation des budgets départementaux, les impositions extraordinaires et les délimitations territoriales ; mais ils statueront désormais sur toutes autres affaires départementales et communales qui, jusqu'à ce jour, exigeaient la décision du chef de l'État ou du ministre de l'intérieur, et dont la nomenclature est fixée par le tableau A ci-annexé.

Art. 2. — Ils statueront également, sans l'autorisation du ministre de l'intérieur, sur les divers objets concernant les subsistances, les encouragements à l'agriculture, l'enseignement agricole et vétérinaire, les affaires commerciales et la police sanitaire et industrielle dont la nomenclature est fixée au tableau B ci-annexé.

Art. 3. — Les préfets statueront en conseil de préfecture sans l'autorisation du ministre des finances, mais sur l'avis ou la proposition des chefs de service, en matière de contributions indirectes, en matière domaniale et forestière, sur les objets déterminés par le tableau C ci-annexé.

Art. 4. — Les préfets statueront, également sans l'autorisation du ministre des travaux publics, mais sur l'avis ou la proposition des ingénieurs en chef, et conformément aux règlements ou instructions ministérielles, sur tous les objets mentionnés dans le tableau D ci-annexé.

Art. 5. — Ils nommeront directement, sans l'intervention du Gouvernement et sur la présentation des divers chefs de service, aux fonctions et emplois suivants :

1° Les directeurs des maisons d'arrêt et des prisons départementales ;

2° Les gardiens desdites maisons et prisons ;

3° Les membres des commissions de surveillance de ces établissements ;

4° Les médecins et comptables des asiles publics d'aliénés ;

5° Les médecins des eaux thermales dans les établissements privés ou communaux ;

6° Les directeurs et agents des dépôts de mendicité ;

7° Les architectes départementaux ;

8° Les archivistes départementaux ;

9° Les administrateurs, directeurs et receveurs des établissements de bienfaisance ;

10° Les vérificateurs des poids et mesures ;

11° Les directeurs et professeurs des écoles de dessin et les conservateurs des musées des villes ;

12° Les percepteurs surnuméraires ;

13° Les receveurs municipaux des villes dont les revenus ne dépassent pas 300,000 fr. ;

14° Les débitants de poudre à feu ;

15° Les titulaires de débits de tabac simples, dont le produit ne dépasse pas 1,000 fr. ;

16° Les préposés en chef des octrois des villes ;

17° Les lieutenants de louveterie ;

18° Les directeurs de bureaux de poste aux lettres, dont le produit n'excède pas 1,000 fr. ;

19° Les distributeurs et facteurs des postes ;

20° Les gardes forestiers des départements, des communes et des établissements publics ;

21° Les gardes champêtres ;

22° Les commissaires de police des villes de 6,000 âmes et au-dessous ;

23° Les membres des jurys médicaux ;

24° Les piqueurs des ponts et chaussées et cantonniers du service des routes ;

25° Les gardes de navigation, cantonniers, éclusiers, barragistes et pontonniers ;

26° Les gardiens de phares, les canotiers du service des ports maritimes de commerce, baliseurs et surveillants de quais.

Art. 6. — Les préfets rendront compte de leurs actes aux ministres compétents dans les formes et pour les objets déterminés par les instructions que ces ministres leur adresseront.

Ceux de ces actes qui seraient contraires aux lois et règlements, ou qui donneraient lieu aux réclamations des parties intéressées, pourront être annulés ou réformés par les ministres compétents.

Art. 7. — Les dispositions des articles 1, 2, 3, 4 et 5 ne sont pas applicables au département de la Seine en ce qui concerne l'administration départementale proprement dite, et celle de la ville et des établissements de bienfaisance de Paris.

ART. 8. — Les ministres de l'intérieur, des finances, des travaux publics, de l'instruction publique et de la police générale sont chargés, chacun en ce qui le concerne, de l'exécution du présent décret.

Fait au palais des Tuileries, le 25 mars 1852.

TABLEAU A.

Objets d'intérêt départemental.

1° Acquisitions, aliénations et échanges de propriétés départementales non affectées à un service public ;

2° Affectation d'une propriété départementale à un service d'utilité départementale, lorsque cette propriété n'est déjà affectée à aucun service ;

3° Mode de gestion des propriétés départementales ;

4° Baux de biens donnés ou pris à ferme et à loyer par le département ;

5° Autorisation d'ester en justice ;

6° Transactions qui concernent les droits des départements ;

7° Acceptation ou refus de dons faits au département sans charge ni affectation immobilière, et des legs qui présentent le même caractère ou qui ne donnent pas lieu à réclamation ;

8° Contrats à passer pour l'assurance des bâtiments départementaux ;

9° Projets, plans et devis de travaux exécutés sur les fonds du département, et qui n'engageraient pas la question de système ou de régime intérieur, en ce qui concerne les prisons départementales ou les asiles d'aliénés ;

10° Adjudications de travaux dans les mêmes limites ;

11° Adjudications des emprunts départementaux dans les limites fixées par les lois d'autorisation ;

12° Acceptation des offres faites par des communes, des associations ou des particuliers pour concourir à la dépense des travaux à la charge des départements ;

13° Concessions à des associations, à des compagnies ou à des particuliers, de travaux d'intérêt départemental ;

14° Acquisitions de meubles pour la préfecture, réparations à faire au mobilier ;

15° Achat, sur les fonds départementaux, d'ouvrages administratifs destinés aux bibliothèques des préfectures et des sous-préfectures ;

16° Distribution d'indemnités ordinaires et extraordinaires allouées sur le budget départemental aux ingénieurs des ponts et chaussées ;

17° Emploi du fonds de réserve inscrit à la deuxième section des budgets départementaux pour dépenses imprévues ;

18° Règlement de la part des dépenses d'aliénés, enfants trouvés et abandonnés et orphelins pauvres, à mettre à la charge des communes, et bases de la répartition à faire entre elles ;

19° Traités entre les départements et les établissements publics ou privés d'aliénés ;

20° Règlement des budgets des asiles publics ;

21° Règlement des frais de transport, de séjour provisoire et du prix de pension des aliénés ;

22° Dispenses de concours à l'entretien des aliénés réclamés par les familles ;

23° Mode et conditions d'admission des enfants trouvés dans les hospices ; tarifs des mois de nourrice et de pension ; indemnités aux nourriciers et gardiens ; prix des layettes et vêtures ;

24° Marchés de fournitures pour les prisons départementales, les asiles d'aliénés et tous les établissements départementaux ;

25° Transfèrement des détenus d'une maison départementale dans une autre prison du même département ;

26° Création d'asiles départementaux pour l'indigence, la vieillesse, et règlements intérieurs de ces établissements ;

27° Règlements intérieurs des dépôts de mendicité ;

28° Règlements, budgets et comptes des sociétés de charité maternelle ;

29° Acceptation ou refus des dons et legs faits à ces sociétés quand ils ne donnent point lieu à réclamation ;

30° Rapatriement des aliénés étrangers soignés en France et *vice versâ.*

31° Dépenses faites pour les militaires et les marins aliénés, et provisoirement pour les forçats libérés ;

32° Autorisation d'établir des asiles privés d'aliénés ;

33° Rapatriement d'enfants abandonnés à l'étranger ou d'enfants d'origine étrangère abandonnés en France ;

34° Tarifs des droits de location de places dans les halles et marchés, des droits de pesage, jaugeage et mesurage ;

35° Budgets et comptes des communes, lorsque ces budgets ne donnent pas lieu à des impositions extraordinaires ;

36° Impositions extraordinaires pour dépenses facultatives pour une durée de cinq années, et jusqu'à concurrence de 20 centimes additionnels ;

37° Emprunts, pourvu que le terme du remboursement n'excède pas dix années, lorsqu'il doit être remboursé au moyen des ressources ordinaires ou lorsque la création des ressources extraordinaires se trouve dans la compétence des préfets ;

38° Pensions de retraite aux employés et agents des communes et des établissements charitables ;

39° Répartition du fonds commun des amendes de police correctionnelle ;

40° Mode de jouissance en nature des biens communaux, quelle que soit la nature de l'acte primitif qui ait approuvé le mode actuel ;

41° Aliénations, acquisitions, échanges, partages de biens de toute nature, quelle qu'en soit la valeur ;

42° Dons et legs de toutes sortes de biens, lorsqu'il n'y a pas réclamation des familles.

43° Transactions sur toutes sortes de biens quelle qu'en soit la valeur;

44° Baux à donner ou à prendre, quelle qu'en soit la durée;

45° Distraction de parties superflues de presbytères communaux, lorsqu'il n'y a pas opposition de l'autorité diocésaine;

46° Tarifs des pompes funèbres;

47° Tarifs des concessions dans les cimetières;

48° Approbation des marchés passés de gré à gré;

49° Approbation des plans et devis de travaux, quel qu'en soit le montant;

50° Plans d'alignement des villes;

51° Cours d'eau non navigables ni flottables, en tout ce qui concerne leur élargissement et leur curage;

52° Assurances contre l'incendie;

53° Tarifs des droits de voirie dans les villes;

54° Établissement de trottoirs dans les villes;

55° Enfin tous les autres objets d'administration départementale, communale et d'assistance publique, sauf les exceptions ci-après :

Administration départementale.

a. Changements proposés à la circonscription du territoire du département, des arrondissements, des cantons et des communes, et à la désignation des chefs-lieux.

b. Contributions extraordinaires à établir et emprunts à contracter dans l'intérêt du département.

c. Répartition du fonds commun affecté aux dépenses ordinaires des départements.

d. Règlement des budgets départementaux; approbation des virements de crédits d'un sous-chapitre à un autre sous-chapitre de la première section du budget, quand il s'agit d'une dépense nouvelle à introduire, et des virements de la seconde et de la troisième section.

e. Règlement du report des fonds libres départementaux d'un exercice sur un exercice ultérieur, et règlement des comptes départementaux.

f. Changement de destination des édifices départementaux affectés à un service public.

g. Fixation du taux maximum du mobilier des hôtels de préfecture.

h. Acceptation ou refus des dons et legs faits au département, qui donnent lieu à réclamation.

i. Classement, direction et déclassement des routes départementales.

k. Approbation des projets, plans et devis des travaux à exécuter aux prisons départementales ou aux asiles publics d'aliénés, quand ces travaux engagent la question de système ou de régime intérieur, quelle que soit d'ailleurs la quotité de la dépense.

l. Fixation de la part contributive du département aux travaux exécutés par l'État, et qui intéressent le département.

m. Fixation de la part contributive du département aux dépenses et aux travaux qui intéressent à la fois le département et les communes.

n. Organisation des caisses de retraite ou de tout autre mode de rémunération ou de secours en faveur des employés des préfectures ou sous-préfectures et des autres services départementaux.

o. Règlement du domicile de secours pour les aliénés et les enfants trouvés, lorsque la question s'élève entre deux ou plusieurs départements.

p. Suppression des tours actuellement existants; ouverture de tours nouveaux.

q. Approbation des taxes d'octroi.

r. Frais de casernement à la charge des villes; leur abonnement.

s. Impositions extraordinaires pour dépenses facultatives, lorsque les centimes additionnels excèdent le nombre de vingt et que la durée de l'imposition dépasse cinq ans.

t. Emprunts, lorsque le terme du remboursement excédera dix années, ou que ce remboursement devra s'opérer au moyen d'une imposition extraordinaire soumise à l'approbation de l'autorité centrale.

u. Expropriation pour cause d'utilité publique, sans préjudice des concessions déjà faites en faveur de l'autorité préfectorale par la loi du 21 mai 1836, relative aux chemins vicinaux.

v. Legs, lorsqu'il y a réclamation de la famille.

x. Ponts communaux à péage.

y. Création d'établissements de bienfaisance.

(Hôpitaux, hospices, bureaux de bienfaisance, monts-de-piété.)

Tableau B.

1° Autorisation d'ouvrir des marchés, sauf pour les bestiaux;

2° Réglementation complète de la boucherie, boulangerie et vente de comestibles sur les foires et marchés ;

3° Primes pour la destruction des animaux nuisibles;

4° Règlement des frais de traitement des épizooties ;

5° Approbation des tableaux de marchandises à vendre aux enchères par le ministère des courtiers ;

6° Formation et autorisation des sociétés de secours mutuels qui ne rempliraient pas les formalités voulues pour être déclarées d'utilité publique;

7° Examen et approbation des règlements de police commerciale pour les foires, marchés, ports et autres lieux publics;

8° Autorisation des établissements insalubres de première classe dans les formes déterminées pour cette nature d'établissements, et avec les recours existant aujourd'hui pour les établissements de deuxième classe;

9° Autorisation de fabriques et ateliers dans le rayon des douanes, sur l'avis conforme du directeur des douanes,

TABLEAU C.

1° Transactions ayant pour objet les contraventions en matière de poudre à feu, lorsque la valeur des amendes et confiscations ne s'élève pas au delà de 1,000 fr.;

2° Location amiable, après estimation contradictoire, de la valeur locative des biens de l'État, lorsque le prix annuel n'excède pas 500 fr.;

3° Concessions de servitudes à titre de tolérance temporaire et révocables à volonté;

4° Concessions autorisées par les lois des 20 mai 1836 et 10 juin 1847 des biens usurpés, lorsque le prix n'excède pas 2,000 fr.;

5° Cessions de terrains domaniaux compris dans le tracé des routes nationales, départementales, et des chemins vicinaux;

6° Échange de terrains provenant de déclassement de routes, dans le cas prévu par l'article 4 de la loi du 20 mai 1836;

7° Liquidations de dépenses, lorsque les sommes liquidées ne dépassent pas 2,000 fr.;

8° Demandes en autorisation concernant les établissements et constructions mentionnés dans les articles 151, 152, 153, 154 et 155 du Code forestier;

9° Ventes sur les lieux des produits façonnés provenant des bois des communes et des établissements publics, quelle que soit la valeur de ces produits;

10° Travaux à exécuter dans les forêts communales ou établissements publics, pour la recherche ou la conduite des eaux, la construction des récipients et autres ouvrages analogues, lorsque ces travaux auront un but d'utilité communale.

TABLEAU D.

1° Autorisation sur les cours d'eau navigables ou flottables, des prises d'eau faites au moyen de machines, et qui, eu égard au volume du cours d'eau, n'auraient pas pour effet d'en altérer sensiblement le régime;

2° Autorisation des établissements temporaires sur lesdits cours d'eau, alors même qu'ils auraient pour effet de modifier le régime ou le niveau des eaux; fixation de la durée de la permission;

3° Autorisation sur les cours d'eau non navigables ni flottables, de tout établissement nouveau, tel que moulin, usine, barrage, prise d'eau d'irrigation, patouillet, bocard, lavoir à mines;

4° Régularisation de l'existence desdits établissements lorsqu'ils ne sont pas encore pourvus d'autorisation régulière, ou modification des règlements déjà existants;

5° Dispositions pour assurer le curage et le bon entretien des cours d'eau non navigables ni flottables de la manière prescrite par les anciens règlements ou d'après les usages locaux. Réunion, s'il y a lieu, des propriétaires intéressés en associations syndicales;

6° Constitution en associations syndicales des propriétaires intéressés à l'exécution et à l'entretien des travaux d'endiguement contre la mer, les fleuves, rivières et torrents navigables ou non navigables, de canaux d'arrosage ou de canaux de desséchement, lorsque ces propriétaires sont d'accord pour l'exécution desdits travaux et la répartition des dépenses;

7° Autorisation et établissement des débarcadères sur les bords des fleuves et rivières pour le service de la navigation; fixation des tarifs et des conditions d'exploitation de ces débarcadères;

8° Approbation de la liquidation des plus-values ou des moins-values en fin de bail du matériel des bacs affermés au profit de l'État;

9° Autorisation et établissement des bateaux particuliers;

10° Approbation, dans la limite des crédits ouverts, des dépenses dont la nomenclature suit :

a. Acquisition de terrains, d'immeubles, etc., dont le prix ne dépasse pas 25,000 fr.;

b. Indemnités mobilières;

c. Indemnités pour dommages;

d. Frais accessoires aux acquisitions d'immeubles, aux indemnités mobilières et aux dommages ci-dessus désignés;

e. Loyers de magasins, terrains, etc.;

f. Secours aux ouvriers réformés, blessés, etc., dans les limites déterminées par les instructions;

11° Approbation de la répartition rectifiée des fonds d'entretien et des décomptes définitifs des entreprises, quand il n'y a pas d'augmentation sur les dépenses autorisées;

12° Autorisation de la mainlevée des hypothèques prises sur les biens des adjudicataires ou de leurs cautions, et du remboursement des cautionnements, après la réception définitive des travaux; autorisation de la remise à l'administration des domaines des terrains devenus inutiles au service.

---

11 avril 1852. — Circulaire du Ministre de la marine. — *Les frais de traitement des aliénés et des incurables des divers services de la marine sont mis à la charge des communes où ils ont leur domicile de secours.*

La question relative aux frais de traitement des marins, militaires et autres agents de la marine, atteints d'aliénation mentale ou de maladies incurables, a été tranchée par une dépêche de

M. le ministre de l'intérieur à son collègue de la marine, à la date du 24 juillet dernier, et dans laquelle il exprime l'avis que les dépenses dont il s'agit incombent, à défaut de la famille, au *domicile de secours* des aliénés ou incurables.

Dans l'état actuel de la législation, il y a lieu de considérer comme domicile de secours :

<table>
<tr><td rowspan="2">La commune du lieu de naissance</td><td>pour les hommes appartenant aux corps organisés</td><td>provenant du recrutement, enrôlés volontaires âgés de 21 ans et moins.</td></tr>
<tr><td colspan="2">pour tous autres âgés de 21 ans et moins.</td></tr>
<tr><td rowspan="2">La dernière commune où ils ont résidé pendant un an</td><td>pour les hommes appartenant aux corps organisés</td><td>enrôlés volontaires âgés de plus de 21 ans.
remplaçants.</td></tr>
<tr><td colspan="2">pour tous autres âgés de plus de 21 ans.</td></tr>
</table>

Ces indications sont précises, et il va sans dire que les marins et les ouvriers appelés momentanément au service, par suite de levée, conservent pour domicile de secours celui qu'ils avaient avant leur appel.

Des instructions, souvent reproduites à l'occasion des états relatifs aux malades ayant passé plus de quatre-vingt-dix jours dans les hôpitaux, ont prescrit aux préfets maritimes, le cas échéant, de faire constater, par le conseil de santé ou par les médecins des hospices, l'incurabilité des hommes, et de prendre ou de prescrire les mesures nécessaires pour qu'ils soient définitivement rayés des contrôles d'activité.

Dès que la radiation d'un aliéné ou d'un incurable aura eu lieu, les préfets maritimes feront remettre par le commissaire général, qui devra correspondre, au besoin, avec les directeurs des hospices et avec les maires :

1° Une déclaration, délivrée par le commissaire des revues, des armements ou des travaux, et visée par le commissaire général, attestant que l'individu n'appartient plus au service de la marine ;

2° Le certificat du conseil de santé ou copie, certifiée par le contrôleur, du certificat délivré par les médecins des hospices, constatant l'aliénation ou l'incurabilité du malade :

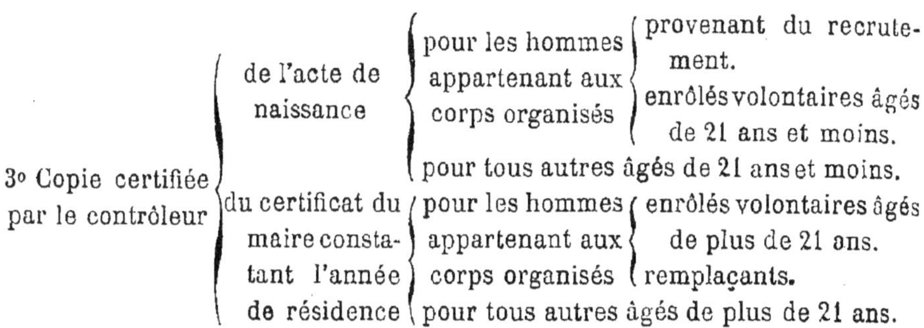

3° Copie certifiée par le contrôleur	de l'acte de naissance	pour les hommes appartenant aux corps organisés	provenant du recrutement.
			enrôlés volontaires âgés de 21 ans et moins.
		pour tous autres âgés de 21 ans et moins.	
	du certificat du maire constatant l'année de résidence	pour les hommes appartenant aux corps organisés	enrôlés volontaires âgés de plus de 21 ans.
			remplaçants.
		pour tous autres âgés de plus de 21 ans.	

Ces pièces étant réunies, les préfets maritimes les adresseront, dans le dernier mois du trimestre, au préfet du département dans lequel le domicile de secours se trouve situé, en priant ce fonctionnaire de prendre des mesures pour l'exécution des ordres qui lui ont été notifiés, à ce sujet, par M. le ministre de l'intérieur; ils l'informeront que la marine continuera de subvenir aux frais du traitement du malade pendant trois mois encore; mais qu'à partir du premier jour du trimestre qui suivra, s'il n'a pas été retiré de l'hôpital ou de l'hospice de....., chaque jour de présence dans cet établissement donnera lieu à la répétition, contre qui de droit, d'une somme de 1 fr. 50 c., prix de la journée de traitement, dans les hôpitaux de la marine, pour les personnes étrangères à ce département.

Ces mesures devront être immédiatement appliquées aux aliénés et incurables qui ont déjà été rayés des contrôles d'activité, en vertu d'ordres antérieurs. Les états de quatre-vingt-dix jours mentionneront les dispositions qui auront été prises à cet égard.

---

5 mai 1852. — Circulaire du Ministre de l'intérieur *relative à l'exécution du décret du 23 mars 1852, sur les commissions administratives des hospices et hôpitaux.*

Monsieur le Préfet, le décret du 23 mars 1852, rendu en exécution de l'article 6 de la loi du 7 août 1851, a réglé la composition des commissions administratives des hospices et hôpitaux. Ce décret a élargi le cercle de vos attributions; en étendant vos pouvoirs, il a accru votre responsabilité. Pour vous faire bien apprécier les nouveaux devoirs qu'il vous impose, je crois utile de faire ressortir l'esprit qui l'a dicté, avant de tracer les règles à suivre pour l'application de ses diverses dispositions.

Un fait qui frappe tout d'abord l'attention, c'est que le décret du 23 mars n'a point changé la composition même des commissions administratives. Elles restent formées de cinq membres, non compris le maire, président de droit; comme auparavant, ces membres sont choisis dans la généralité des habitants de la commune; leurs fonctions sont gratuites; leur renouvellement a lieu par cinquième, chaque année, et les membres sortants sont rééligibles. Le mode de nomination seul a subi des changements.

Et, en effet, si l'on interroge les résultats de l'expérience, on reconnaît que l'organisation des commissions administratives, telle qu'elle existe depuis de longues années, est généralement satisfaisante. Le nombre des administrateurs, qui est de cinq, suffit presque partout pour la direction et la surveillance; s'il était augmenté, il deviendrait embarrassant pour l'action et affaiblirait la responsabilité. Le renouvellement obligé de chacun des membres, combiné avec la faculté de réélection, concilie dans une juste mesure le besoin d'exciter le zèle avec l'avantage de conserver un concours éprouvé. La présidence attribuée au maire et la prépondérance de sa voix, en cas de partage, assurent une part convenable à l'influence municipale, sans porter atteinte à l'indépendance nécessaire des administrateurs. Enfin, la liberté d'appeler dans les commissions administratives les personnes les plus aptes à faire le bien, sans distinction de classes et sans catégories déterminées, permet d'utiliser tous les dévouements et toutes les lumières, sans gêner le droit d'exclusion. Aussi, choisis parmi les citoyens connus par leur moralité, leur position de fortune, leur esprit charitable, ou les connaissances spéciales qui les recommandent particulièrement au choix de l'autorité, les administrateurs des hospices et hôpitaux remplissent généralement avec zèle et succès la tâche qui leur est confiée ; ils jouissent partout de la considération publique et concourent puissamment par leurs dons personnels, ainsi que par leurs exemples et leurs conseils, à accroître chaque jour le patrimoine des pauvres.

En présence de ces avantages constatés par une longue expérience, il eût été téméraire de s'engager dans une voie d'innovations. Maintenir le système établi, tout en cherchant à l'améliorer, tel a été le but qu'a dû se proposer le Gouvernement.

Le seul reproche sérieux qu'on pût adresser au mode de composition des commissions administratives, c'était de favoriser la réélection des membres sortants, de perpétuer souvent les mêmes personnes dans leurs fonctions et d'amener ainsi une certaine langueur dans le service. Ce résultat était la conséquence naturelle du droit de présentation attribué aux commissions administratives, qui portaient ordinairement en première ligne les membres sortants. Sans doute l'autorité n'était pas obligée de choisir le premier candidat; mais, rigoureusement enfermée dans le cercle des présentations, elle ne pouvait appeler aux fonctions d'administrateur les personnes qui, à ses yeux, remplissaient mieux les conditions d'aptitude désirables. Cette entrave, jointe au désir bien naturel de ne pas blesser les commissions administratives, la déterminait presque toujours à nommer le premier candidat; en sorte que ces commissions, se recrutant d'une manière permanente dans leur propre sein, finissaient quelquefois par tomber dans une sorte d'apathie qui énervait leur action, sans affaiblir leur esprit de charité.

Pour remédier à cet inconvénient, le décret du 23 mars dernier a attribué aux préfets la nomination *directe* des membres des commissions administratives et a supprimé le droit de présentation. Par ce moyen, l'autorité, indépendante dans ses choix, qui auront pour cadre toute la population de la commune, pourra facilement entretenir dans les commissions l'activité, les lumières et le dévouement nécessaires, soit en les fortifiant par l'introduction d'éléments nouveaux, soit en y maintenant, par la réélection, les personnes dont l'utile concours serait garanti par des services éprouvés. Mais cette amélioration ne peut être réellement efficace que si, préoccupé avant tout de l'intérêt des pauvres, vous agissez, Monsieur le Préfet, avec une sage fermeté, conciliable d'ailleurs avec les égards que méritent les administrateurs charitables. Veuillez donc vous pénétrer de l'esprit de cette nouvelle disposition et y puiser constamment la règle de votre conduite.

Une autre modification importante consiste dans le pouvoir attribué aux préfets de nommer les membres de toutes les commissions administratives, pouvoir qui, d'après l'ordonnance du 6 juin 1830, était précédemment limité aux hospices et hôpitaux dont ces fonctionnaires réglaient les budgets. Cette extension d'attributions a paru conforme à l'esprit de la loi du 7 août 1851 sur les hôpitaux et hospices, et aux principes d'une sage décentralisation; elle a, du reste, été consacrée depuis par l'article 5 du décret du 25 mars 1852 qui vous a conféré, d'une manière générale, le droit de nommer les administrateurs des établissements de bienfaisance. Vous trouverez, Monsieur le Préfet, dans l'augmentation de responsabilité qui en découle pour vous, un nouveau motif d'apporter la plus vive sollicitude dans le choix des personnes auxquelles sera désormais confiée la gestion du bien des pauvres.

Plusieurs de vos collègues m'ont consulté sur la question de savoir si, par suite du décret du 23 mars dernier, il y a lieu de procéder au renouvellement intégral des commissions hospitalières, ou si l'on doit se borner à appliquer ce décret au fur et à mesure des vacances qui se produiront, soit accidentellement, soit par l'effet du renouvellement périodique.

Si le nouveau règlement modifiait les bases essentielles de l'organisation des commissions; par exemple, s'il déterminait des catégories spéciales dans lesquelles dussent être choisis les administrateurs, sans doute il serait indispensable de procéder à une réorganisation générale. Mais il n'en est pas ainsi. La composition des commissions n'est pas modifiée; il n'y a de changé que le mode de nomination. Dans cet état de choses, renouveler intégralement ces administrations, ce serait, sans nécessité logique et sans utilité réelle, jeter une grave perturbation dans les services organisés. Il suffira donc, Monsieur le Préfet, que vous appliquiez les dispositions du nouveau règlement au fur et à mesure des remplacements partiels, en sorte qu'il recevra son entière exécution dans une période de cinq années.

Je n'ai pas besoin d'ajouter que, dans le cas où certaines commissions vous paraîtraient exiger un renouvellement plus prompt, vous aurez toujours la faculté de proposer leur dissolution, afin d'arriver à une recomposition immédiate. Mais une semblable faculté doit être exercée avec beaucoup de circonspection.

Après avoir ainsi traité les points culminants du décret du 23 mars 1852, je passe à l'examen de quelques dispositions de détail, en suivant l'ordre des articles.

Aux termes de l'article 1er, le maire, président-né, a voix

prépondérante en cas de partage. Ce privilége, bien que concédé d'une manière explicite par une circulaire de floréal an IX, avait plusieurs fois été contesté dans la pratique. En lui donnant une consécration formelle, le décret du 23 mars a voulu faire cesser toute incertitude; il a voulu en même temps conférer à l'administration municipale une juste part d'influence sur la gestion des établissements hospitaliers qui se rattachent par tant de liens à la commune, et élever à leur véritable hauteur la dignité et l'importance de la double fonction que remplit le maire, comme magistrat municipal et comme président de droit de la commission administrative.

D'après le même article, en cas d'absence du maire, la présidence appartient au plus ancien des membres présents et, à défaut d'ancienneté, au plus âgé. Cette disposition remplace celle de l'instruction générale du 8 février 1823, aux termes de laquelle les commissions administratives élisaient tous les six mois, dans leur sein, un vice-président appelé à suppléer le maire en cas d'absence ; elle est claire et précise et son exécution ne peut soulever aucune difficulté. Toutefois, je crois devoir rappeler, dans cette circonstance, que, lorsqu'un adjoint se trouve investi de la plénitude des attributions du maire absent ou empêché, il préside de droit la commission administrative, parce que le maire est présent dans sa personne et qu'il agit, non point comme délégué de ce fonctionnaire, mais comme magistrat municipal. A ce titre, l'adjoint a voix prépondérante en cas de partage. Hors ce cas spécial, c'est au plus ancien, et, à défaut d'ancienneté, au plus âgé des membres présents qu'il appartient de présider et de diriger les délibérations. Il importe essentiellement de ne pas perdre de vue cette distinction, qui avait déjà été établie par la circulaire du 16 septembre 1830 au point de vue de la vice-présidence des commissions, mais qui a été souvent mal comprise et mal appliquée dans la pratique.

Des préfets ont demandé si, dans les hospices où il existe des quartiers d'aliénés, il ne serait pas à propos d'autoriser les médecins de ces quartiers à assister aux séances des commissions, avec voix consultative seulement, par analogie avec ce qui se pratique dans les asiles publics d'aliénés, en vertu de l'article 5 de l'ordonnance du 18 décembre 1839. Je ne vois aucun inconvénient à ce qu'il en soit ainsi, pourvu que ces médecins ne prennent part qu'aux délibérations qui intéressent directement ou indirectement le régime des aliénés. Leur intervention, dans ce cas, peut être utile pour éclairer les décisions, mais on ne saurait l'imposer aux commissions administratives. Celles-ci doivent rester libres d'en apprécier l'opportunité et d'appeler les médecins quand elles le jugeront convenable.

L'article 2 maintient les règles antérieures relativement au mode de renouvellement des commissions, sauf en ce point que, s'il y a remplacement dans le cours d'une année, les fonctions du nouveau membre expirent à l'époque où auraient cessé celles du membre remplacé, tandis que, d'après l'instruction du 8 février 1823, les renouvellements accidentels comptaient pour la sortie périodique. Ce dernier système avait l'inconvénient grave de prolonger souvent, bien au delà du terme ordinaire de cinq années, le mandat de certains administrateurs, d'empêcher ainsi des remplacements qui pouvaient être utiles et même nécessaires au bien du service, et de jeter, en tout cas, une fâcheuse complication dans le mouvement annuel des commissions. Le nouveau mode est plus rationnel et plus conforme aux principes mêmes du renouvellement périodique. S'il en résulte que des membres se trouvent nommés pour un court espace de temps, rien n'empêche le préfet de les investir d'un nouveau mandat à l'expiration de leurs fonctions, puisqu'ils sont rééligibles. Ainsi, simplicité de mécanisme, égalité entre les administrateurs, exacte périodicité des entrées et des sorties et intérêt bien entendu du service : tels sont les avantages qui résulteront, sous ce rapport, de l'application du nouveau règlement.

Je vous recommande, Monsieur le Préfet, de veiller avec le plus grand soin à ce que les commissions administratives soient, autant que possible, tenues au complet et à ce que les renouvellements s'opèrent avec toute la régularité désirable. C'est un point qui a été souvent négligé et il serait à craindre qu'il ne le fût encore davantage, sans une active vigilance de votre part, puisque les commissions n'auront plus à vous soumettre des propositions. Vous devrez donc prescrire la tenue, dans vos bureaux, d'un registre spécial destiné à constater d'une manière permanente l'état et le mouvement de toutes les administrations hospitalières de votre département et sur lequel devront être inscrites, au fur et à mesure qu'elles s'effectueront, les entrées et les sorties, avec l'indication précise des dates de vos décisions, des noms et prénoms des administrateurs et des motifs des remplacements. A l'aide de ce document, vous pourrez procéder d'office, chaque année, au renouvellement périodique. Ce travail devra être achevé au plus tard dans le mois de novembre, afin que les nouveaux membres soient installés et en mesure de fonctionner au 1er janvier de l'année suivante.

Quant aux vacances accidentelles, elles devront vous être immédiatement signalées par les sous-préfets et les maires afin qu'il y soit pourvu dans le plus bref délai. Vous aurez soin d'adresser des instructions précises à ces fonctionnaires et de leur recommander la plus grande exactitude sur ce point, afin que les intérêts des pauvres n'aient pas à souffrir de lacunes prolongées dans le personnel des commissions hospitalières.

L'article 3 maintient l'ancienne règle de compétence à l'égard des dissolutions de commissions administratives et des révocations individuelles d'administrateurs. Elles ne pourront être prononcées que par le ministre de l'intérieur, sur la proposition ou l'avis de l'autorité préfectorale. C'est là, Monsieur le Préfet, une matière très-délicate et qui exige de votre part beaucoup de tact et de circonspection. Toutefois, les égards dus si justement aux administrateurs charitables qui remplissent des fonctions gratuites doivent s'effacer devant des faits graves ou des nécessités de service. L'intérêt des indigents et l'honneur même de l'administration le veulent ainsi. Vous ne devrez donc pas hésiter à provoquer les actes de sévérité qui vous sembleront indispensables après de mûres réflexions, en joignant à vos propositions tous les renseignements propres à éclairer la décision de l'administration centrale et en vous attachant, surtout, à motiver les révocations individuelles, lesquelles, à la différence des dissolutions qui frappent des corps collectifs, ont un caractère personnel et exigent, pour cette raison, les plus sérieuses garanties.

Les articles 4 et 5 n'ont pas besoin de commentaire. La faculté de porter à plus de cinq, en raison de l'importance des établissements ou de circonstances locales, le nombre des membres des commissions administratives, était déjà admise par l'instruction du 8 février 1823, et elle a reçu quelques applications en vertu de décisions du Chef du pouvoir exécutif. Mais c'est une exception très-rare et, comme dans le passé, il faudra de graves motifs pour justifier cette dérogation à la règle générale. Aussitôt que vous aurez reçu la présente circulaire, vous devrez vérifier avec soin l'origine et la composition de toutes les administrations hospitalières de votre département. S'il s'en trouvait qui fussent dans des conditions anormales sans une autorisation spéciale du Chef de l'État, votre devoir serait de les faire régulariser immédiatement. Quant aux commissions dont l'organisation exceptionnelle a été réglée par des ordonnances, décrets et autres actes du pouvoir exécutif, elles seront conservées, d'après l'article 5, quand bien même ces décisions n'auraient pas été prises *sur l'avis du Conseil d'État.* Cette formalité, obligatoire pour l'avenir, ne saurait rétroagir sur les faits accomplis.

Tels sont, Monsieur le Préfet, les principes et les règles qui doivent vous guider dans l'application du décret du 23 mars dernier. Je n'ai pas besoin d'ajouter que les dispositions des anciens règlements, auxquelles ne déroge pas expressément ce décret, sont virtuellement maintenues et que, notamment à l'égard des incompatibilités, il y a lieu de se référer aux instructions du 8 février 1823 et du 16 septembre 1830.

---

15 avril 1853. — Décision du Ministre de l'intérieur *relative au droit de propriété des asiles sur les effets mobiliers des indigents décédés dans ces établissements.*

Les effets mobiliers apportés par les malades pour leur usage, tels que linges, hardes, etc., appartiennent aux asiles après le décès de ces malades.

Les autres effets mobiliers laissés par les malades dans les asiles à leur décès appartiennent aux héritiers légitimes ou au domaine de l'État, en vertu des articles 731, 767 et 768 du Code Napoléon.

---

3 octobre 1853. — Circulaire du Ministre de l'intérieur *relative à l'exécution de l'article* 27 *de la loi du* 30 *juin* 1838.

Monsieur le Préfet, en fixant, par son article 27, le mode d'après lequel il doit être pourvu aux dépenses d'entretien et de traitement des aliénés, la loi du 30 juin 1838 a statué que ces dépenses seraient, en premier lieu, à la charge des personnes placées dans les établissements.

En traçant cette règle, la loi n'a établi aucune distinction entre les revenus et le patrimoine des aliénés.

Dès lors, l'administration a le droit d'employer au payement des dépenses dont il s'agit le patrimoine même des aliénés, et de poursuivre, sur leur succession, le remboursement des avances faites pour leur entretien.

L'intérêt des départements et des communes ne saurait permettre l'abandon de ce droit, dont la rigueur peut être, dans l'application, tempérée par des considérations d'humanité.

Aucune règle fixe ne saurait, d'ailleurs, être tracée d'avance à ce sujet; l'appréciation des circonstances particulières de chaque espèce doit guider l'administration dans l'exercice de son droit.

C'est à vous, Monsieur le Préfet, qu'il appartient de prendre, dans chaque cas particulier, une décision, en vous fondant sur la situation de fortune de l'aliéné, sur les chances de guérison que son état mental peut présenter, et sur la position de sa famille. Vous devrez concilier, dans une juste mesure, les intérêts du département ou des communes avec les ménagements que pourrait réclamer la situation de l'aliéné ou la position malheureuse de la famille.

Les instructions qui précèdent, et qui sont conformes à l'avis du Conseil d'État, que j'ai consulté sur cette question, modifient celles qui vous ont été données par la circulaire du 5 mai 1852 (§ 22).

Veuillez vous y conformer toutes les fois que vous aurez à statuer sur des réclamations relatives aux dispenses de concours dans la dépense des aliénés.

---

6 juin 1854. — Circulaire du Ministre de l'intérieur *contenant des instructions au sujet des aliénés admis à titre provisoire dans les hospices.*

Monsieur le Préfet, aux termes de l'article 24 de la loi du 30 juin 1838, les hospices ou hôpitaux civils sont tenus de recevoir les aliénés de passage ou ceux qui y sont déposés, en attendant leur translation dans un asile spécial.

Cette disposition a été reproduite par les circulaires des 23 juillet et 18 septembre 1838 qui ont prescrit, en même temps, d'affecter à ce service des locaux sains et convenables et de pourvoir le plus tôt possible au placement définitif des aliénés admis à titre provisoire.

Il existe peu d'établissements où ces prescriptions soient complétement exécutées.

D'une part, les aliénés sont généralement placés dans des cabanons étroits, malpropres et malsains, loin des secours et de la surveillance qu'exige leur triste position.

Je vous recommande de faire vérifier avec soin l'état et la situation des locaux affectés, dans les hospices, à la séquestration provisoire des aliénés, et de prescrire les mesures nécessaires pour l'appropriation ou le remplacement de ceux qui ne seraient pas convenables. C'est un devoir d'humanité autant qu'une obligation imposée par la loi, et j'aime à croire, Monsieur le Préfet, qu'il vous suffira de le rappeler aux commissions administratives.

D'autre part, les aliénés sont gardés, pendant des mois entiers, dans les hospices, sans soins et sans traitement.

Il vous appartient, Monsieur le Préfet, d'assurer leur prompte translation dans les asiles. A cet effet, il importe que vous imprimiez une grande activité à ce service ; que les commissions administratives des hospices vous avisent immédiatement des placements provisoires faits dans ces établissements et veillent à ce que, dès qu'ils ont constaté l'état mental des individus admis, les médecins délivrent les certificats exigés par la loi.

---

17 novembre 1854. — Circulaire du Ministre de l'intérieur *sur l'envoi d'un nouveau tableau du mouvement des aliénés, des dépenses qu'ils occasionnent et des ressources qui couvrent ces dépenses.*

Monsieur le Préfet, par une circulaire du 10 avril 1839, un de mes prédécesseurs vous a adressé des instructions sur la forme dans laquelle devaient être dressés les états de dépense et du mouvement des aliénés indigents.

Ces états, que quelques préfets seulement m'ont fait parvenir chaque année, m'ont paru trop compliqués ; j'ai cru devoir les remplacer par un tableau unique dont un modèle est ci-joint, et qui indiquera, en ce qui concerne le mouvement : 1° le nombre des aliénés indigents existant, au 1er janvier de l'année précédente, dans les asiles de votre département ou dans ceux avec lesquels vous avez traité ; 2° le nombre d'aliénés admis dans les mêmes établissements pendant le cours de l'année, soit qu'ils aient été placés d'office, soit qu'ils aient été admis en exécution du § 2 de l'article 25 de la loi du 30 juin 1838 ; 3° le nombre des aliénés sortis par décès, par guérison ou par toute autre cause pendant le cours de la même année ; 4° le nombre d'aliénés restant au 1er janvier de l'année dans laquelle le tableau devra m'être envoyé.

Quant à la dépense, il devra présenter : 1° le montant de la dépense totale qu'auront occasionnée les aliénés, soit dans les asiles du département, soit dans ceux avec lesquels il a traité ; 2° la nature des ressources destinées à couvrir cette dépense, c'est-à-dire la quote-part des fonds fournis par les aliénés eux-mêmes ou leurs familles, par les hospices, par les communes et par le département; 3° les sommes qui représentent ces ressources; 4° enfin, l'excédant de recette ou le déficit résultant de la comparaison des ressources réalisées avec les dépenses effectuées.

Vous mentionnerez séparément le nombre des hommes et celui des femmes; vous joindrez, en outre, à ces indications toutes les observations que vous jugerez utiles.

Quoiqu'il n'existe pas dans le tableau que je vous transmets une colonne spéciale pour chaque nature de dépenses, vous devrez y faire figurer toutes celles qui sont relatives au service des aliénés, comme les divers frais d'entretien, les frais de transport, etc.

Vous remarquerez que l'état des dépenses n'est relatif qu'à celles des aliénés *indigents*; il ne doit pas mentionner les dépenses des aliénés dont la pension est *entièrement* payée, soit par eux-mêmes, soit par leurs familles. Mais il faut comprendre dans la classe des indigents tous les aliénés aux besoins desquels la charité publique est obligée de subvenir, bien que leurs familles concourent, pour une certaine partie, au payement de la dépense qu'ils occasionnent.

Lorsque, dans la colonne intitulée : *Excédant ou déficit*, il existera un déficit, vous aurez soin de m'indiquer au moyen de quels fonds vous croyez pouvoir le couvrir.

Dans la colonne d'*observations*, il sera convenable que vous rappeliez les chiffres des prévisions précédemment arrêtées pour le service dont il s'agit.

Les éléments de ce tableau vous seront facilement fournis par les directeurs des divers établissements; mais je vous recommande, Monsieur le Préfet, de vérifier avec une grande attention les renseignements que vous obtiendrez ainsi, et notamment les chiffres indiquant les guérisons et les décès.

Veuillez vous occuper promptement de faire dresser l'état que je réclame, pour l'année courante, et me le transmettre dans le moindre délai possible. A l'avenir, il devra m'être envoyé *très-exactement, avant l'expiration du premier trimestre de chaque année*, et vous n'aurez plus à m'adresser l'état nominatif des aliénés indigents, séquestrés par vos ordres, que mentionne la circulaire du 5 mai 1852.

ANNÉE 18

DÉPARTEMENT d

ASILE D

Tableau du mouvement des aliénés indigents, des dépenses qu'ils occasionnent et des ressources qui couvrent ces dépenses.

	NOMBRE DES ALIÉNÉS INDIGENTS						DÉPENSE TOTALE.	NATURE DES RESSOURCES qui couvrent ces dépenses.	SOMMES.	EXCÉDANT OU DÉFICIT.	OBSERVATIONS.
	EXISTANT au 1er janvier 18 .	ADMIS pendant l'année.	SORTIS guéris.	SORTIS pour autre cause.	SORTIS décédés.	RESTANT au 1er janvier 18 .					
Hommes.								1o Par les aliénés ou par leurs familles .	. . .		
								2o Par les hospices . .	. . .		
Femmes.								3o Par les communes.	. . .		
								4o Par les départements	. . .		
								Total. . .	. . .		

14 juillet 1856. — Décret *qui règle le mode de rémunération des receveurs des asiles d'aliénés.*

Napoléon, par la grâce de Dieu et la volonté nationale, empereur des Français, à tous présents et à venir, salut.

Sur le rapport de notre ministre secrétaire d'État au département de l'intérieur ;

Vu la loi du 30 juin 1838, sur les aliénés, et l'ordonnance du 18 décembre 1839, portant règlement sur les établissements publics et privés consacrés aux aliénés ;

Vu les ordonnances des 17 avril et 23 mai 1839, relatives aux traitements des receveurs des communes et des établissements de bienfaisance ;

Notre Conseil d'État entendu,

Avons décrété et décrétons ce qui suit :

ART. 1er. — Les ordonnances des 17 avril et 23 mai 1839 cesseront, à partir du 1er janvier 1857, d'être appliquées aux receveurs des asiles publics d'aliénés.

ART. 2. — Ces comptables recevront un traitement fixe, dont le taux sera déterminé par un arrêté du préfet, après avis du conseil général, et sauf l'approbation de notre ministre de l'intérieur.

ART. 3. — Notre ministre secrétaire d'État au département de l'intérieur est chargé de l'exécution du présent décret.

---

20 mars 1857. — Circulaire du Ministre de l'intérieur *portant envoi d'un règlement du service intérieur des asiles d'aliénés.*

Monsieur le Préfet, aux termes de l'article 7 de la loi du 30 juin 1838, les règlements des établissements consacrés au service des aliénés doivent être soumis à l'approbation du ministre de l'intérieur.

Commune aux asiles départementaux et aux quartiers d'hospice, cette disposition n'a, jusqu'à présent, reçu qu'une exécution incomplète.

Les règlements adoptés dans la plupart des asiles ne satisfont pas aux prescriptions de la loi. Les uns présentent des lacunes considérables, les autres manquent de clarté, de méthode, de régularité même ; bien peu ont reçu l'approbation ministérielle, et encore cette approbation n'a-t-elle été le plus souvent accordée qu'à titre provisoire.

Pour ramener le service des aliénés à cette unité de direction qu'a voulue le législateur, il m'a paru nécessaire de réunir dans un modèle général les principes qui régissent l'administration des asiles et la situation respective des fonctionnaires et des agents qui y sont attachés.

J'ai pris, dans ce but, un arrêté dont vous trouverez ci-joint trois exemplaires.

Ce travail a été conçu au point de vue des asiles les plus considérables ; mais au moyen de quelques suppressions, il sera facile de l'adapter aux établissements d'une importance moindre. Les quartiers d'aliénés annexés aux hospices devront aussi y puiser les dispositions nécessaires pour la rédaction de leurs règlements intérieurs, et il en sera de même en ce qui concerne les asiles privés consacrés au traitement de l'aliénation mentale.

Je tiens à ce que les uns et les autres suivent, autant que possible, l'ordre que j'ai moi-même adopté, et surtout à ce que les asiles départementaux s'y conforment strictement.

Vous voudrez bien donner des instructions à cet effet aux directeurs, aux préposés responsables et aux chefs des maisons particulières, et m'adresser, dans un délai de deux mois pour les établissements publics, de trois mois pour les asiles privés, les règlements qui devront être soumis à mon approbation, après avoir reçu votre visa.

Pour rendre votre travail plus rapide et plus uniforme et vous éclairer d'une manière complète sur la marche que vous devez suivre, je vais examiner successivement les articles dont se compose mon arrêté de ce jour, et vous donner les instructions que comportent plusieurs d'entre eux.

Arrêté du 20 *mars* 1857.

SECTION I. — DESTINATION DE L'ÉTABLISSEMENT.

ART. 1er. — Il est des asiles qui, indépendamment des aliénés ordinaires, reçoivent des épileptiques simples, c'est-à-dire qui ne sont pas frappés d'aliénation mentale. Dans ce cas, l'article 1er du règlement devra se terminer par un paragraphe ainsi conçu :

« A l'établissement principal est annexé un quartier entièrement isolé des bâtiments affectés aux déments, et destiné à recevoir..... épileptiques non aliénés. »

ART. 2. — Pas d'observations.

ART. 3. — Dans l'intérêt des malades, il doit être interdit aux directeurs des asiles de recevoir un nombre d'aliénés supérieur à celui des places arrêtées par le règlement. Si, par suite d'appropriations ou d'agrandissement, il en était créé de nouvelles, vous auriez à me le faire connaître; mais il n'en pourrait être, en aucun cas, disposé sans l'autorisation de l'administration compétente.

SECTION II. — ADMINISTRATION.

ART. 4. — Pas d'observations.

SECTION III. — COMMISSION DE SURVEILLANCE.

ART. 5. — Aux termes de l'ordonnance du 18 décembre 1839 (art. 5), les commissions de surveillance des asiles d'aliénés doivent se réunir tous les mois. Cette prescription n'est pas toujours observée.

L'article 5 de mon arrêté en rappelle le caractère obligatoire, en même temps qu'il exige que les séances mensuelles soient tenues dans l'établissement. Ce n'est que là, en effet, que la commission peut consulter tous les documents et recourir à tous les moyens de contrôle nécessaires à l'accomplissement consciencieux de sa mission. Le directeur et le médecin en chef doivent, d'ailleurs, assister aux séances (art. 5, § 2, de l'ordonnance du 18 décembre 1839), et l'absence de ces fonctionnaires peut avoir, dans certaines circonstances, les plus graves inconvénients. Vous veillerez à ce que cette règle soit ponctuellement suivie.

Quant aux réunions extraordinaires que vous jugeriez devoir ordonner ou autoriser, par application de l'article 5 de l'ordonnance précitée, elles pourront avoir lieu au dehors.

Art. 6 et 7. — Pas d'observations.

Art. 8. — La loi du 30 juin 1838 (art. 31) a chargé les membres des commissions de surveillance des asiles des fonctions d'administrateurs provisoires aux biens des aliénés non interdits qui y sont séquestrés. Je suis informé que, sur ce point, plusieurs commissions montrent une négligence que je ne veux pas tolérer. Vous voudrez bien me faire connaître, au mois de janvier de chaque année, le nom du membre désigné en vertu des prescriptions de l'article 8 de mon arrêté.

Art. 9. — Pas d'observations.

Art. 10. — La rédaction des procès-verbaux et leur transcription sur le registre à ce destiné sont confiées aux directeurs dans quelques établissements. Je ne fais pas d'objection à ce mode de procéder, s'il reçoit l'assentiment de la commission.

Section IV. — Directeur.

Art. 11. — Pas d'observations.

Art. 12. — Le directeur doit correspondre habituellement avec le préfet ou le sous-préfet. Toutefois il peut communiquer directement, en cas d'urgence, avec le ministre et l'autorité judiciaire.

Quant aux obligations qui lui sont imposées relativement à

l'admission et à la sortie des aliénés, elles ont été de la part du législateur l'objet de prescriptions expresses auxquelles je me borne à me référer.

Art. 13. — Pas d'observations.

Art. 14. — La présentation des budgets et du compte administratif n'a pas toujours lieu dans les délais fixés par les instructions. J'ai eu à constater à cet égard des retards et même des omissions regrettables. Il m'a paru utile de rappeler les principes qui régissent cette partie du service.

J'ajoute que les budgets primitifs ne me sont souvent communiqués qu'à des époques bien tardives. Aux termes du décret du 25 mars 1852 (art. 6), je dois pourtant les examiner et ce contrôle serait illusoire s'il ne devait s'exercer que postérieurement à l'ouverture de l'exercice auquel ils se rapportent. Je vous renouvelle donc l'invitation de m'en transmettre une copie dès que vous les aurez réglés.

De même, le compte administratif devra m'être soumis avant la fin du premier semestre de chaque année.

Art. 15, 16, 17 et 18. — Pas d'observations.

Art. 19. — Je me réserve de vous entretenir du récolement de l'inventaire, en appelant votre attention sur l'article 42 (1).

Art. 20. — Pas d'observations.

Art. 21. — Aux termes de l'article 1er de l'ordonnance du 18 décembre 1839, les asiles publics d'aliénés sont placés sous mon autorité, et par délégation sous la vôtre. Il importe donc qu'aucune des mesures qui peuvent affecter les conditions de leur existence ou de leur organisation intérieure ne soit prise qu'avec votre autorisation.

Le deuxième paragraphe de l'article 21 appelle le médecin en

---

(1) Voir page 181.

chef à donner son avis lorsque la modification proposée intéresse son service sous quelque rapport que ce soit. S'il arrivait qu'il y eût dissentiment entre le directeur, la commission de surveillance et le médecin, le directeur serait tenu de vous soumettre l'avis écrit de ce praticien et la délibération de la commission, et vous auriez à statuer.

Art. 22. — Il prendrait aussi vos ordres s'il y avait dissidence entre lui et le médecin sur une mesure exigeant leur concours réciproque.

Art. 23 et 24. — Pas d'observations.

Art. 25. — Je me réfère, pour l'article 25, aux prescriptions de ma circulaire du 26 juin 1855. Vous voudrez bien joindre aux demandes de congé que vous pourriez avoir à me transmettre une copie de l'arrêté portant désignation du directeur intérimaire.

Les fonctions de directeur et celles de receveur étant incompatibles, vous aurez soin de confier la direction administrative provisoire, soit au praticien chargé du service médical, soit à un membre de la commission de surveillance, soit encore à un des employés de vos bureaux; l'arrêté de délégation devra viser l'article 9, § 3, de l'ordonnance du 18 décembre 1839.

Le titre IV sera remplacé, dans les règlements des quartiers d'hospice, par des dispositions déterminant les attributions et les devoirs des préposés responsables.

Bien que n'étant pas investis de pouvoirs égaux à ceux des directeurs des asiles spéciaux, ces agents n'en ont pas moins à exercer une autorité qui serait souvent moins contestée si leurs attributions étaient mieux définies.

Vous ne sauriez donc apporter trop de soin à la rédaction de cette partie du règlement, et elle sera de ma part l'objet d'un examen particulier.

SECTION V. — RECEVEUR.

ART. 26. — Dans quelques asiles, l'usage s'est introduit de confier à des personnes autres que le receveur, aux sœurs hospitalières notamment, le soin de certaines dépenses. Cet usage est contraire aux instructions ministérielles. La circulaire du 20 novembre 1836 et, plus tard, le règlement général des hospices et des hôpitaux, du 31 janvier 1840, en ont prescrit la suppression.

Seul responsable, le receveur doit seul aussi être dépositaire des deniers de l'asile, et aucune dépense, si minime qu'elle soit, ne doit être effectuée que par lui personnellement. Il n'est fait exception à cette règle que dans le cas prévu par l'article 45.

ART. 27. — Les receveurs des asiles d'aliénés sont soumis aux dispositions légales qui régissent la situation des comptables publics ; comme eux, ils doivent, avant d'entrer en fonctions, fournir un cautionnement dont il vous appartient de déterminer la quotité, sous les conditions prescrites par l'ordonnance du 6 juin 1830. Mais le décret du 14 juillet 1856 a changé en un traitement fixe les remises proportionnelles qui leur étaient autrefois attribuées. Ma circulaire du 25 novembre dernier vous a fait connaître qu'en dehors de ce traitement il ne pouvait être opéré aucun prélèvement à leur profit sur un article quelconque de recettes ou de dépenses. Je ne reviendrai pas sur ce point; mais il est une observation que je dois vous signaler.

Il existe généralement entre les traitements des receveurs et ceux des économes une différence qui n'est pas justifiée. C'est surtout afin de faire cesser cette disproportion et de ramener à un taux convenable des rémunérations qui, sous le régime des remises, étaient parfois exagérées, qu'est intervenu le décret impérial du 14 juillet 1856. Désireux de conserver aux comptables en exercice des positions pour la plupart depuis longtemps acquises, j'ai presque toujours sanctionné les arrêtés préfectoraux qui m'ont été soumis en exécution de l'article 2 du décret précité. Mais ce n'est là qu'une mesure de transition, et lorsque les titulaires actuels seront remplacés, mon intention est d'allouer à leurs successeurs un traitement moins élevé et plus en rapport avec celui des économes.

Art. 28 et 29. — Les dispositions des articles 28 et 29 ont pour but de prévenir des faits et de combler les lacunes que m'ont signalées les rapports de l'inspection générale. Il importe qu'elles soient rigoureusement exécutées.

Art. 30, 31 et 32. — Ces articles n'exigent pas d'explication.

Section VI. — Économe.

Art. 33. — Ce que j'ai dit au sujet de la recette (art. 26) s'applique également à l'économat. Le directeur ne doit tolérer dans ce service l'immixtion d'aucune personne autre que l'économe. Les circulaires des 20 novembre 1836 et 6 août 1839 ont tracé, sur ce point, des règles qui sont toujours en vigueur et auxquelles vous ne devez souffrir aucune dérogation.

Art. 34, 35, 36, 37, 38 et 39. — Je n'ai rien à ajouter aux dispositions des articles 34, 35, 36, 37 et 38. L'article 39 prescrit des mesures d'ordre dont l'exécution importe à la régularité des écritures et faute desquelles l'économe ne pourrait justifier de ses opérations.

Art. 40 et 41. — Il en est de même des articles 40 et 41, qui se réfèrent aux modèles n°s 1, 2, 3, 4, 5, 6, 8, 9, 10, 11 et 12 annexés à mon arrêté du 20 mars ; je tiens à ce qu'ils soient textuellement reproduits dans les règlements qui seront soumis à votre visa. A ces conditions seulement la comptabilité-matières acquerra ce caractère d'ordre et d'exactitude qu'elle doit avoir et dont elle manque encore dans certains établissements.

Art. 42. — Le mobilier tient une place importante dans le service économique. Il est d'un grand intérêt, pour l'asile, que l'économe y donne tous ses soins et puisse justifier de toute acquisition, réintégration, remplacement ou usure. Ce résultat sera facilement obtenu si, pour l'établissement de l'inventaire, on se conforme au modèle n° 13 et aux principes consacrés par l'article 42. Tout meuble devra recevoir un numéro d'ordre et être marqué au coin de l'établissement. Ce coin restera entre les mains de l'économe. Quant aux nouveaux meubles, ils seront inscrits à la suite de l'inventaire, avec une annotation indicative des objets auxquels ils seront substitués et dont ils prendront la place dans la série des numéros d'ordre.

Le paragraphe final de l'article 42 rend l'économe responsable de tout déficit qui serait reconnu provenir de sa faute ou de sa négligence. Cette responsabilité ne couvre pas celle du directeur. C'est, en effet, à ce fonctionnaire qu'appartient l'administration générale de l'établissement, et l'article 33 du règlement stipule, en termes exprès, que les services économiques sont confiés à un agent placé sous son autorité et sous sa surveillance.

Art. 43, 44 et 45. — Pas d'observations.

Art. 46. — Aux termes de l'ordonnance du 29 novembre 1831, les cautionnements des économes sont fixés d'après les mêmes bases que ceux des receveurs. Ils doivent donc être égaux au dixième de la valeur des recettes en matières perçues pendant les trois années immédiatement antérieures à l'entrée en fonctions du comptable, et être réalisés en rente sur l'État ou en immeubles, conformément aux dispositions de l'ordonnance du 6 juin 1830. Dans ce dernier cas, la valeur de l'immeuble doit excéder d'un tiers la somme du cautionnement.

Art. 47 et 48. — Pas d'observations.

Section VII. — Employés et préposés.

Il vous appartient de déterminer les heures et la durée du travail dans les bureaux.

Art. 49 et 50. — Les attributions des employés attachés à la recette et à l'économat sont délimitées par le directeur, sur la proposition du chef de service auquel ils appartiennent. Les employés de la direction travaillent sous ses ordres. Tous sont placés sous son autorité. Il en est de même des divers préposés et gens de service.

Art. 51. — Le concierge devra déposer chez le directeur, personnellement et chaque soir, les clefs de toutes les portes extérieures donnant accès dans l'asile. Cette disposition touche à la police de l'établissement; elle a surtout pour but de supprimer une coutume abusive par suite de laquelle la remise des clefs est faite, dans quelques asiles, à des agents qui n'ont pas qualité pour les recevoir.

Section VIII. — Service médical.

Art. 52. — La nomenclature qui fait l'objet de l'article 52 ne pourra s'appliquer qu'à un petit nombre d'établissements ; elle sera conservée ou modifiée, suivant l'importance du service médical.

Art. 53. — Le législateur a interdit d'une manière absolue l'introduction, dans les sections d'aliénés, de préposés d'un sexe autre que celui des malades qu'elles renferment. Pour obéir à cette prescription, l'article 53 établit, dans le quartier des hommes et dans celui des femmes, un service d'infirmiers et d'infirmières religieuses ou laïques, placés sous les ordres respectifs d'un surveillant ou d'une surveillante en chef. Il vous appartient de régler, sur la proposition du directeur, l'effectif de ce personnel. Ces propositions seront accompagnées de l'avis du médecin et de la délibération de la commission de surveillance.

Art. 54. — J'appelle toute votre attention sur le choix des élèves internes. Il convient de ne nommer, autant que possible, aux emplois de médecin des asiles publics d'aliénés que des élèves y ayant fait un stage et s'y étant distingués par leur pratique. L'internat doit être considéré, dans ces établissements, comme le commencement d'une carrière. Il importe donc de ne l'ouvrir qu'à des jeunes gens laborieux, capables et dignes de la parcourir sous les auspices et avec l'appui de l'administration.

Art. 55 et 56. — Pas d'observations.

Section IX. — Médecin en chef.

Art. 57, 58, 59 et 60. — La section IX traite des attributions et des devoirs du médecin en chef. L'article 59 lui réserve le droit de régler tout ce qui se rapporte à la police médicale et personnelle des aliénés, ainsi qu'à leur régime physique et moral. L'article 60 lui impose l'obligation de visiter individuellement, chaque jour, tous les aliénés que renferme l'asile. Cette disposition doit être strictement exécutée.

Art. 61. — Lorsque le médecin en chef ne peut tenir lui-même les cahiers dont parle l'article suivant, ce soin incombe au médecin adjoint, et à défaut de celui-ci, aux élèves internes.

Art. 62. — Les mesures établies par l'article 62 ont pour but de faciliter les opérations de l'économat, en ce qui touche la distribution des aliments. Elles ont été introduites avec succès dans plusieurs asiles, et il convient d'en généraliser l'application.

Art. 63. — Pas d'observations.

Art. 64. — Les rapports médicaux qui me sont transmis, chaque année, manquent souvent des développements nécessaires. Les uns se bornent à des aperçus généraux ; les autres à quelques détails sur un fait accidentel ; bien peu offrent un résumé complet et méthodique des faits qu'il importerait à l'administration et à la science de connaître et de recueillir. On obtiendra ce résultat en se conformant ponctuellement aux prescriptions de l'article 64. Les observations médicales sont la source où doivent être puisés les renseignements statistiques que doit fournir le rapport mentionné au deuxième paragraphe de l'article 65. Je désire qu'elles soient, à l'avenir, l'objet de plus de soins. Mon intention est d'appeler spécialement sur ce point les investigations de MM. les inspecteurs généraux.

Art. 65. — Les instructions qui précédent me dispensent de vous rappeler qu'une expédition du compte médical doit m'être transmise en même temps que le compte administratif. Mais il n'est pas inutile d'ajouter que, dans les établissements où les fonctions administratives et médicales sont réunies, les deux comptes doivent être distincts l'un de l'autre et former deux documents séparés.

Art. 66 et 67. — Pas d'observations.

Art. 68. — Vous ne devez tolérer aucune dérogation à l'article 68. Des considérations sur lesquelles je n'ai pas besoin d'insister s'opposent, en effet, à ce que le médecin d'un asile public soit intéressé dans la gestion d'un établissement privé ou qu'il y soit attaché à un titre quelconque.

De même, l'exercice de la médecine extérieure doit lui être absolument interdit ; ce n'est point en se formant une clientèle en dehors de l'asile, c'est en se consacrant tout entiers à leurs fonctions que les médecins des établissements d'aliénés s'acquerront des titres à l'avancement et pourront mériter la bienveillance de l'administration.

Section X. — Médecin adjoint

Art. 69, 70, 71 et 72. — Les mêmes prohibitions s'appliquent au médecin adjoint.

Section XI. — Chirurgien.

Art. 73, 74, 75 et 76. — La section XI définit les attributions du chirurgien dans les établissements où est organisé un service chirurgical. Aux dispositions qu'elle renferme, je me borne à ajouter que le médecin en chef doit comprendre dans sa visite quotidienne les aliénés soumis au traitement chirurgical, qu'ils soient placés dans une infirmerie spéciale ou dans les salles ordinaires.

Pendant la durée du traitement particulier dont ils sont l'objet, c'est à lui qu'appartient la direction exclusive du traitement médical et moral de l'aliénation. Mais il devra se concerter avec le chirurgien de manière à faire concourir, dans l'intérêt du malade, les indications thérapeutiques de la chirurgie et celles de la médecine.

Art. 77, 78, 79 et 80. — Pas d'observations.

Section XII. — Pharmacien.

Art. 81, 82, 83, 84, 85, 86 et 87. — Dans un certain nombre d'établissements, le service pharmaceutique n'a pas assez d'importance pour qu'il y ait lieu d'instituer un emploi spécial.

L'administration devra traiter alors avec un pharmacien pour la fourniture des médicaments, et confier à une religieuse, sous l'autorité du médecin en chef, le dépôt des médicaments, la préparation des tisanes et l'exécution des prescriptions médicales.

Les articles du règlement relatifs à ce service seront mis en rapport avec les conditions d'organisation propres à chaque asile.

Section XIII. — Élèves internes.

Art. 88 et 89. — J'ai dit plus haut (1) qu'il convenait de choisir dans le personnel des élèves internes les médecins des

(1) Voir page 183.

établissements publics d'aliénés. C'est dans ce but que l'article 89 leur permet de se faire recevoir docteurs pendant l'internat, et qu'il vous attribue, Monsieur le Préfet, la faculté d'en prolonger la durée au delà de la période triennale fixée par le § 1er dudit article.

Aux termes de la circulaire du 5 mai 1852 (n° 36), les préfets doivent me donner avis des vacances qui se présentent dans les emplois de médecins des asiles, et ils y nomment sur une liste de candidats que leur envoie mon administration. Il est donc important que je connaisse les titres de ceux des élèves internes qui pourraient concourir à ces emplois, et je vous invite à me transmettre à cet effet, au mois de janvier de chaque année, un rapport spécial sur chacun des internes attachés à l'asile de votre département. Ce rapport sera accompagné des observations du médecin en chef, et j'en donnerai communication, avant leurs tournées, aux inspecteurs généraux du service.

Art. 90, 91, 92, 93 et 94. — Ces articles n'exigent pas de développements.

Section XIV. — Sœurs hospitalières.

Art. 95, 96, 97, 98, 99, 100 et 101. — Il en est de même des articles 95 à 101, qui déterminent les attributions des sœurs hospitalières et leurs rapports avec les chefs et les agents des divers services auxquels elles sont attachées.

Section XV. — Surveillant et surveillante en chef. — Infirmiers et infirmières.

Art. 102, 103 et 104. — Le personnel des surveillants et des infirmiers des deux sexes laisse parfois à désirer. Il est du devoir de l'administration de ne pas maintenir des exceptions heureusement très-rares. Les réformes qui seraient, sous ce rapport, nécessaires devront être immédiatement opérées. L'article 56 attribuant au directeur la nomination de ces agents, sa responsabilité personnelle y est engagée, et je ne doute pas que, par un soin plus scrupuleux à les choisir, une discipline sévère et des récompenses accordées avec discernement, on ne parvienne à améliorer la composition de ce personnel.

Je vous ai fait récemment connaître (1) combien il me paraissait désirable de relever la situation des surveillants en chef des deux sexes, et de les attacher d'une manière durable aux asiles, lorsque je vous ai invité à préparer leur adjonction à la caisse des retraites départementales.

Le bénéfice de cette mesure ne pouvant être appliqué aux infirmiers, j'ai voulu leur assurer des garanties semblables, et l'article 114 du règlement vous permet d'accorder, sous mon approbation, la position de reposants à ceux d'entre eux qui, vers la fin de leur carrière, ne pourraient être maintenus en activité.

Le recrutement de ces agents deviendra ainsi plus facile, et sera opéré dans de meilleures conditions.

Art. 105. — L'article 105 réserve expressément au médecin en chef le droit d'ordonner l'emploi des moyens de *contrainte*. On doit comprendre sous cette dénomination l'application de la camisole, l'emploi du fauteuil de force, la réclusion en cellule, le transfèrement dans le quartier des agités, etc. Je crois utile d'ajouter ici que les progrès de la science permettent aujourd'hui de ne faire usage de ces divers moyens que dans des cas tout à fait exceptionnels, et qu'ils peuvent être presque toujours avantageusement remplacés par un traitement médical ou même purement moral.

Art. 106 et 107. — Pas d'observations.

---

(1) Circulaires des 22 et 30 juillet 1856.

SECTION XVI. — AUMÔNIER.

ART. 108. — Aux termes de l'article 108, l'aumônier est nommé par l'évêque diocésain, sur une liste de trois candidats qu'il vous appartient de désigner. Le remplacement est également prononcé par l'autorité diocésaine, sur votre rapport.

ART. 109. — La chapelle de l'établissement doit être exclusivement consacrée au culte catholique. Une salle spéciale pourra être destinée aux conférences des ministres des autres cultes. Ils seront appelés auprès de leurs coreligionnaires toutes les fois que leur intervention sera jugée nécessaire, et particulièrement en cas de maladie ou de mort.

ART. 110. — L'aumônier doit résider dans l'établissement, s'il n'est attaché à une paroisse à un titre quelconque. Indépendamment du logement, il peut y recevoir le chauffage et l'éclairage, et même la nourriture, si la situation particulière de l'asile l'exigeait absolument. Les arrêtés portant fixation de ses émoluments devront déterminer aussi les avantages en nature qui lui seront alloués.

En dehors de ces allocations, l'aumônier ne peut toucher ni casuel, ni quelque rétribution que ce soit. Il ne lui est dû aucune indemnité pour les actes de son ministère, et si, dans l'asile de votre département, l'usage contraire avait prévalu, vous devriez en exiger la suppression immédiate.

Je ne fais pas d'objections à ce que la chapelle de l'établissement soit ouverte au public. Mais je crois devoir vous rappeler qu'il ne peut y être perçu aucun droit sur les chaises. Les quêtes doivent aussi y être interdites. Quant aux troncs, il pourra en être placé dans la chapelle; mais le receveur en aura la clef et le produit en figurera aux comptes annuels avec sa destination spéciale.

ART. 111 et 112. — Il est des cas où les exercices religieux pourraient avoir pour les malades des inconvénients que le médecin est seul en état d'apprécier. On devra donc se conformer avec soin aux prescriptions des articles 111 et 112. Si le public a accès dans la chapelle, il sera entièrement séparé des aliénés des deux sexes. Ceux-ci ne pouront communiquer avec l'aumônier que de l'assentiment du médecin en chef, à l'exception toutefois du cas de maladie grave ou de mort prochaine.

Art. 113. — Les dépenses de la chapelle seront faites par l'économe sur des états fournis par l'aumônier et revêtus de l'approbation du directeur. L'aumônier en tiendra un compte courant, dont il soumettra chaque mois un relevé au directeur, qui le vérifiera et le transmettra ensuite à l'économe, pour être compris dans le compte général des matières.

Section XVII. — Position de reposant.

Art. 114. — La position de reposant ne pourra être accordée qu'aux préposés qui compteront au minimum dix années de service dans l'établissement. Il pourra, toutefois, être fait des exceptions à cette règle en faveur de ceux qui auraient été précédemment attachés à un établissement public de charité, ou que des infirmités résultant notoirement de l'exercice de leurs fonctions mettraient, avant cette époque, dans l'impossibilité de les continuer. Pour être soumis à mon approbation, les arrêtés dont parle l'article 114 devront être accompagnés de la demande du directeur, de l'avis de la commission de surveillance, d'un certificat médical, s'il y a lieu, et d'une notice individuelle faisant connaître les nom, prénoms, âge, durée des services et titres particuliers du candidat.

Section XVIII. — Admission, sorties et décès.

Art. 115, 116 et 117. — Pas d'observations.

Art. 118. — Le règlement que vous aurez à préparer devra

indiquer le nombre des classes entre lesquelles sont répartis les aliénés séquestrés dans l'asile de votre département et le prix de pension afférent à chacune d'elles. La nomenclature énoncée à l'article 118 de mon arrêté n'est qu'une formule abrégée à laquelle vous donnerez le développement que comportera chaque asile.

Art. 119. — Pas d'observations.

Art. 120. — Le trousseau mentionné à l'article 120 variera suivant le taux de la pension.

C'est donc à vous qu'il appartient d'arrêter le tableau qui en déterminera la composition.

En notifiant à la famille le décès d'un aliéné pensionnaire, le directeur devra joindre à la lettre d'avis un état indicatif des objets dont se compose le trousseau, et mettre celle-ci en demeure de les faire retirer.

Ce n'est qu'après l'accomplissement de cette formalité, et si la famille n'a pas répondu, dans un délai de six mois, à l'invitation du directeur, que le trousseau deviendra la propriété de l'asile.

Art. 121, 122. — Ces articles n'exigent pas de développement.

Art. 123. — Les dispositions qui font l'objet des §§ 2 et 3 de l'article 123 ont été consacrées par un avis du Conseil d'État, du 27 février 1849, adopté, le 15 avril 1853, par mon prédécesseur, et qui depuis a reçu une constante application.

Les effets mobiliers de la première catégorie doivent s'entendre principalement du linge, des vêtements, et en général de tous les objets affectés à l'usage personnel du malade. Les bijoux et toutes autres valeurs mobilières ou immobilières apportés par l'aliéné dans l'asile appartiennent à la seconde.

Art. 124, 125, 126 et 127. — Pas d'observations.

Art. 128. — Les faits prévus par l'article 128 ne se présentent que très-rarement; j'ai cependant eu le regret d'en constater quelques-uns, et d'en trouver la cause ou dans la négligence des gardiens ou dans l'insuffisance des moyens de surveillance. L'article 104 a pour but d'empêcher qu'ils ne se reproduisent. Je ne saurais donc trop en recommander la stricte exécution.

Art. 129. — Vous voudrez bien joindre au règlement que vous devrez me soumettre l'arrêté portant fixation du tarif des inhumations des aliénés pensionnaires. Le nombre des classes du tarif sera égal à celui des classes établies en vertu de l'article 118, mais les familles seront toujours libres de faire choix des unes ou des autres.

Art. 130. — Quant aux aliénés entretenus aux frais du budget départemental, leur inhumation aura lieu gratuitement. Il devra être fourni une bière pour chacun d'eux.

Section XIX. — Régime alimentaire.

Art. 131. — Le régime alimentaire est un des points sur lesquels je dois le plus spécialement appeler votre attention. Fixé, dans certains asiles, d'après des conditions réellement insuffisantes, il atteint dans quelques autres des proportions voisines de l'abus. L'administration a donc, sous ce rapport, ou des améliorations à introduire ou des réformes à opérer. Les dispositions du titre XIX de mon arrêté vous aideront dans ce travail.

Mon intention n'est pas d'assigner à tous les asiles un régime uniforme. Les ressources de ces établissements varient comme celles des localités; il faut tenir compte des unes et des autres. Les populations diffèrent aussi entre elles de besoins et d'habitudes, et ce qui conviendrait à certains départements serait ailleurs inadmissible.

Mais il m'a paru nécessaire de poser des bases générales

et d'établir un type auquel devront se rapporter plus ou moins les règlements de chaque asile. En comparant aux tableaux n°s 6, 7, 8, 9 et 10 ceux que vous aurez à me soumettre, je serai mieux à même d'apprécier vos propositions, et je pourrai me rendre un compte plus exact de la situation des choses. Je désire donc que vous en conserviez le plus possible le nombre et la distribution.

Art. 132. — J'ai dit, au sujet de l'article 110, que, par mesure exceptionnelle, l'aumônier pourrait être nourri dans l'établissement. Il sera, dans ce cas, assimilé, comme les sœurs hospitalières et les internes, aux pensionnaires de la première classe.

Art. 133. — Bien que l'aliénation borne souvent ses effets au dérangement des facultés mentales, sans porter le trouble dans le reste de l'économie, les individus qui en sont atteints ne sauraient être considérés autrement que comme des malades. Une nourriture plus substantielle leur est nécessaire ; les conseils de la science s'appuient à cet égard sur des faits nombreux et qui prouvent qu'un régime sagement ordonné peut exercer sur leur état une influence salutaire.

Dans ce but l'article 133 fixe à cinq par semaine le nombre des jours gras, le temps du carême excepté, et stipule en termes formels que les abstinences religieuses ne pourront être pratiquées par les aliénés que sur le consentement écrit du médecin en chef. Quant aux employés nourris dans l'asile, des aliments maigres leur seront accordés, sur leur demande, les autres jours d'abstinence désignés par l'Église.

Art. 134. — Vous devrez vous conformer autant que possible, pour le régime commun, aux prescriptions du modèle n° 6.

C'est ainsi que la ration de viande allouée à chaque aliéné devra atteindre, au minimum, le poids de 150 grammes, après préparation ; que le pain variera, quant à la quantité, de 670 à 750 grammes, suivant le sexe des malades, et qu'il ne pourra être d'une qualité inférieure à celle du pain de ménage généralement employé dans le pays. J'ajoute, en ce qui concerne le vin, que, s'il n'en peut être accordé aux malades, on devra y substituer une boisson fermentée, bière, cidre, etc., dont la quantité devra être proportionnellement plus élevée que la quantité de vin indiquée au modèle n° 6.

Les tableaux nos 7, 8 et 9 ne sont que des formules qui vous serviront de guide pour la fixation du régime des diverses classes de pensionnaires. Vous pourrez toutefois, je pense, en adopter utilement les dispositions.

Quant au tarif des assaisonnements (état n° 10), il me paraît de nature à être généralement appliqué.

Il sera fait tels changements qui seront jugés nécessaires en ce qui concerne les régimes des autres classes.

Art. 135. — Le régime alimentaire peut être individuellement modifié par le médecin en chef. Mais l'article 7 de la loi du 30 juin 1838 statuant que les règlements du service intérieur doivent être soumis à mon approbation, et le régime alimentaire y occupant une place importante, il ne peut y être apporté de modifications générales qu'avec l'agrément du ministre de l'intérieur.

Art. 136. — Les infirmiers et gens de service prendront leurs repas en commun aux réfectoires. Il n'y aura d'exception à cette règle que pour les personnes mariées et logées dans l'asile auxquelles, à raison de ces circonstances et de la spécialité de leurs fonctions, le directeur, de concert avec la commission de surveillance, aurait accordé des dispenses particulières.

Il est interdit à tous les préposés non pourvus de dispenses d'emporter du réfectoire quelques aliments que ce soit, pour les consommer ailleurs ou les partager avec d'autres personnes. Toute vente ou cession d'aliments, à l'intérieur ou à l'extérieur de l'asile, est également prohibée.

Art. 137. — Un certain nombre d'établissements, où le régime alimentaire est insuffisant, ont assimilé à une sorte de rémunération les suppléments d'aliments qu'ils se sont vus forcés d'allouer aux aliénés employés à des travaux manuels.

Je ne saurais tolérer cet abus.

C'est dans son propre intérêt, bien plus que dans celui de l'asile, que l'on demande à l'aliéné sa part de travail, et le régime alimentaire doit être suffisant pour lui permettre de s'en acquitter.

Mais lorsque, sans être trop pénibles, les travaux auxquels on applique l'aliéné exigent une dépense de forces exceptionnelle, il est indispensable de lui assurer des moyens exceptionnels de réparation. Ce n'est point là un salaire du travail, et je tiens à ce que les prescriptions de l'article 137 soient consciencieusement observées.

Section XX. — Coucher, habillement; mesures de propreté.

Art. 138, 139, 140, 141, 142 et 143. — Les dispositions énoncées au titre XX devront être reproduites dans les règlements des asiles privés. Plusieurs de ces établissements m'ont été signalés comme ne possédant qu'un vestiaire insuffisant. Vous inviterez, s'il y a lieu, les directeurs à en améliorer la composition. Ils n'ignorent pas que les autorisations qui leur sont accordées par application de l'article 5 de la loi du 30 juin 1838 sont toujours révocables, et que le retrait pourrait en être prononcé, s'ils refusaient d'obtempérer à vos injonctions. Ces observations sont plus spécialement applicables aux établissements privés qui font l'office d'asiles publics.

Quant aux asiles départementaux, c'est pour les préfets un

devoir de veiller à ce que le service des trousseaux et des fournitures de lit soit convenablement organisé, et d'y apporter les améliorations nécessaires, soit au moyen des ressources particulières de l'établissement, soit en demandant, à cet effet, au conseil général une subvention extraordinaire.

Art. 144. — Vous voudrez bien m'adresssr une copie de l'arrêté que vous aurez à prendre, en exécution de l'article 144, pour déterminer l'uniforme des infirmiers des deux sexes.

Art. 145. — L'article suivant fixe les époques auxquelles devront être changés les divers objets d'habillement et de literie. Ces délais ne pourront être dépassés, mais l'administration sera libre d'en abréger individuellement la durée en cas de nécessité reconnue. Il vous appartient de déterminer l'époque du remplacement du vestiaire d'hiver par le vestiaire d'été, et réciproquement. La diversité des climats s'oppose à ce qu'il soit établi à cet égard une règle uniforme.

Art. 146, 147, 148 et 149. — Les mesures prescrites par les articles 146, 147, 148 et 149 ont pour but de maintenir les aliénés dans un état constant de propreté. J'appelle spécialement votre attention sur la nécessité de leur affecter un lavoir par division.

Section XXI. — Travail.

Art. 150 et 151. — De tous les moyens employés pour combattre l'aliénation mentale, le travail est peut-être le plus efficace et le plus certain. Aussi l'administration n'a-t-elle rien négligé pour en assurer l'organisation dans les asiles, et l'article 150 du règlement pose-t-il en principe que le travail y est institué, non dans l'intérêt de l'établissement, mais comme traitement curatif ou palliatif pour le malade. Pensionnaires ou autres, tous les aliénés peuvent donc y prendre part sur la désignation du médecin. Les dispositions du titre XXI sont cependant plus spécialement applicables aux indigents entretenus au compte du budget départemental. Seuls, ces derniers ont droit à une rémunération, et ils ne doivent pas être confondus, aux heures du travail, avec les malades placés par les familles.

La classe indigente peut comprendre des personnes que leur éducation, leurs habitudes, leurs antécédents, rendent impropres au travail manuel. Toute latitude est laissée au directeur pour assurer à ces malades le genre d'occupations intellectuelles qui peut leur convenir.

Art. 152. — Les pratiques que prohibe l'article 152 ne sauraient être trop énergiquement condamnées. A aucun titre et pour quelque motif que ce soit, vous ne devez les tolérer.

Art. 153 et 154. — Aux termes des articles 153 et 154, le produit du travail appartient à l'asile. La journée réglementaire est de dix heures et donne droit pour chaque aliéné à une rémunération que doit déterminer le règlement. Plusieurs établissements ont adopté le taux de 10 centimes et réglé à 15 francs le maximum du pécule. Il serait à désirer que ces fixations fussent généralisées; elles permettraient à l'indigent guéri de regagner son domicile et de pourvoir à ses premiers besoins, en attendant du travail. Toutefois, la quotité pourra en être abaissée dans les localités où la main-d'œuvre et les denrées de première nécessité se maintiennent au-dessous de la moyenne ordinaire.

Les dix heures de travail ne constituent pas une obligation pour l'aliéné. Ainsi que je l'ai fait remarquer, c'est là seulement une indication qui doit servir à fixer les droits de chacun pour la rémunération quotidienne. Si, par exemple, cette rémunération est de 10 centimes et que le travail réel de l'aliéné n'ait pas excédé la moitié de la journée réglementaire, il ne lui sera attribué que 5 centimes.

Il n'en est pas d'une maison d'aliénés comme d'un lieu de détention. De même que le médecin désigne exclusivement les malades aptes au travail, de même, sur son avis, ceux-ci peuvent en être dispensés entièrement ou en partie ; au-dessous du quart de la période indiquée par le règlement, les fractions de journées ne donneront droit à aucun salaire.

Art. 155 et 156. — Pas d'observations.

Art. 157, 158, 159, 160, 161 et 162. — J'ai dit qu'il était désirable que le pécule de sortie atteignît la somme de 15 francs. Quels que soient le taux maximum fixé par les règlements des asiles et le produit des rémunérations quotidiennes créditées à son compte particulier, chaque aliéné travailleur a droit, le jour de sa sortie définitive, à l'intégralité du pécule. Pendant son séjour dans l'établissement, l'excédant du pécule peut être employé à son profit ou remis à un des membres de sa famille, dans les formes et sous les conditions prescrites par les articles 161 et 162. Le règlement ne fait, à cet égard, que consacrer des principes qui déjà ont été appliqués avec succès dans plusieurs asiles, et qu'il y a intérêt à faire partout prévaloir.

Art. 163. — En lui imposant l'obligation de compléter, en cas d'insuffisance, le pécule éventuel de sortie, le deuxième paragraphe de l'article 159 fait peser sur l'établissement une charge dont il convient de l'indemniser. C'est dans ce but que l'article 163 lui attribue la propriété du pécule de l'aliéné travailleur qui y décède et des objets dont l'acquisition aurait été faite en vertu des dispositions de l'article 161.

Section XXII. — Occupations intellectuelles et distractions.

Art. 164. — Le travail manuel n'est pas le seul qui puisse heureusement influer sur l'état moral de l'aliéné. Des lectures faites individuellement ou en commun, des exercices de chant, des leçons de dessin et d'écriture, ont donné dans les asiles des résultats analogues. Quelques-uns y ont ajouté des promenades et des jeux (billard, quilles, volants, danses, etc.), et l'effet de ces divers moyens a été également favorable aux aliénés. Vous devez donc en recommander l'emploi.

Les distractions et les occupations intellectuelles auront lieu à heures fixes deux fois par jour, après les repas et avant la reprise du travail. Cette disposition ne saurait concerner ni les malades du pensionnat ni ceux dont j'ai parlé page 293.

Quant aux aliénés du régime commun, si le médecin pensait que l'exercice ou la lecture fût nécessaire à tel ou tel d'entre eux en dehors des heures réglementaires, il lui serait facultatif de le prescrire.

Art. 165. — L'habitude du tabac, surtout lorsqu'elle est ancienne, est un besoin impérieux chez certains individus. Des considérations d'humanité exigent qu'il y soit donné satisfaction dans les asiles. On ne saurait subordonner les allocations que prescrit, dans ce but, l'article 165 à la condition du travail, ni même les considérer comme en étant la rémunération; elles devront donc faire au budget primitif l'objet d'un crédit spécial; mais je ne m'oppose pas à ce que l'aliéné y contribue, dans le cas prévu par l'article 161, au moyen de l'excédant de pécule dont cet article autorise l'emploi.

Art. 166. — Les règles établies par l'article 166 sont communes à tous les aliénés que renferme l'asile, sans distinction de classes.

Section XXIII. — Visites et sorties.

Art. 167, 168 et 169. — Pas d'observations.

Art. 170. — J'ai eu plusieurs fois occasion de constater des évasions qui, sans doute, n'auraient pu s'accomplir si le service de surveillance avait été convenablement organisé. C'est aux heures de promenade surtout que cette surveillance doit être le plus active. Tant qu'il est confié à ses soins, l'administration est responsable des actes de l'aliéné. Les mesures de précaution qu'ordonne l'article 170 se justifient donc d'elles-mêmes, et des considérations d'ordre public en réclament la scrupuleuse exécution.

Art. 171. — Pas d'observations.

Section XXIV. — Emploi de la journée.

Art. 172 et 173. — Pas d'observations.

Art. 174. — Quelque désirable qu'il soit, au point de vue même de l'intérêt des aliénés, d'introduire dans les asiles l'habitude de la discipline et de la régularité, l'administration doit s'interdire tout châtiment à l'égard des malades qui refuseraient de se conformer aux dispositions de l'article 174. Son devoir est de les y amener par voie de persuasion. L'observation que m'a suggérée l'examen des articles 163 et 164 me dispense d'insister sur ce point, et je me borne à vous faire remarquer que l'article 174 est, comme le titre XXI, spécialement applicable aux malades du régime commun.

Art. 175 et 176. — Ces articles n'exigent pas de développements.

Art. 177. — Il vous appartient de déterminer les heures auxquelles sera ouverte et fermée la porte de l'établissement; mais les aliénés devront y être reçus à toute heure du jour et de la nuit.

Art. 178. — Le médecin en chef, le médecin adjoint et l'aumônier ne sont pas assujettis à l'autorisation prescrite par l'article 178.

Art. 179, 180, 181 et 182. — Pas d'observations.

Art. 183. — Je vous ai rappelé (page 6) qu'au receveur appartient le maniement exclusif des deniers de l'asile. Lui seul aussi doit recevoir les dépôts d'argent pour le compte et à l'usage des aliénés. Cette règle, trop souvent violée, ne comporte pas d'exception.

Art. 184. — Il en est de même du principe écrit dans l'ordonnance du 18 décembre 1839 (art. 14), et en vertu duquel les aliénés ne peuvent être servis dans leurs divisions respectives que par des personnes de leur sexe. Vous veillerez à ce que l'asile de votre département s'y conforme exactement. Quant aux établissements privés qui s'y refuseraient, vous pourriez en prononcer la fermeture, en ayant soin de m'en informer.

Art. 185, 186, 187 et 188. — Pas d'observations.

Art. 189. — Les règlements dont parle l'article 187 ne seront point soumis à mon approbation. Je désire toutefois que vous m'en adressiez une copie à titre de renseignement.

L'arrêté que je vous notifie forme le complément de la loi du 30 juin 1838 et de l'ordonnance du 8 décembre 1839.

Consacrée par dix-huit années d'expérience, cette œuvre est de celles dont l'administration française peut à bon droit s'honorer, et les législations étrangères y ont fait de nombreux emprunts. Mais les meilleures lois sont impuissantes si elles ne sont vivifiées par la sagesse et la vigilance de l'administrateur. Je compte sur les vôtres, Monsieur le Préfet. Déjà d'importants résultats ont été obtenus, et j'ai la satisfaction de reconnaître que, grâce à la direction intelligente imprimée aux asiles, ils ont pu traverser, sans presque augmenter les dépenses des départements, les années difficiles dont tous les services hospitaliers ont eu tant à souffrir. L'assistance publique, à tous ses degrés, est, vous le savez, Monsieur le Préfet, l'objet de la sollicitude incessante du gouvernement de l'empereur. Les agents qui y sont préposés peuvent donc être assurés qu'il leur sera tenu compte de leurs services et du concours qu'ils prêtent à mon administration.

Règlement du service intérieur des asiles d'aliénés.

SECTION I. — DESTINATION DE L'ÉTABLISSEMENT.

ART. 1er. — L'asile public d

est exclusivement consacré aux aliénés des deux sexes (1).

ART. 2. — Il reçoit :

1° Les aliénés entretenus au compte du département d

;

2° Suivant les places disponibles, des aliénés entretenus au compte des départements étrangers, des administrations publiques et des familles.

ART. 3. — L'asile contient des places distinctes pour les malades soumis au régime commun et ceux qui sont l'objet de régimes spéciaux.

Les places du régime commun, au nombre de , sont atribuées aux aliénés dont la pension, payée par les départements, les administrations publiques ou les familles, n'excède pas le taux de la dernière classe.

Les places des régimes spéciaux, au nombre de , sont réservées aux aliénés pour qui les administrations publiques et les familles payent les prix de pensions fixés par l'article 118 pour les premières classes.

SECTION II. — ADMINISTRATION.

ART. 4. — L'asile est administré par un directeur (2), sous l'autorité du préfet du département d

et sous la surveillance d'une commission.

---

(1) Ou : du sexe masculin, ou du sexe féminin.

(2) Ou un directeur-médecin.

Section III. — Commission de surveillance.

Art. 5. — Dans la première séance de l'année, la commission de surveillance fixe le jour et l'heure des réunions mensuelles obligatoires.

Ces réunions ont lieu dans l'intérieur de l'asile. Les séances extraordinaires seulement peuvent être tenues au dehors.

Art. 6. — Les délibérations ne sont valables qu'autant que trois membres au moins, non compris le directeur et le médecin en chef, assitent à la séance.

Art. 7. — Dans la séance ordinaire du mois de décembre, la commission désigne, par une délibération dont copie est immédiatement adressée au préfet, celui de ses membres dont le temps d'exercice est accompli (Ordonnance du 18 décembre 1839, art. 2, § 1).

Art. 8. — Dans la séance ordinaire de janvier, elle nomme son président et son secrétaire, répartit entre ses membres les attributions de surveillance à exercer par chacun d'eux, dans l'intervalle des séances, sur les diverses parties du service, et désigne celui d'entre eux qui doit remplir, pendant l'année, les fonctions d'administrateur provisoire des biens des aliénés.

Art. 9. — En cas d'absence ou d'empêchement, le président est remplacé par le membre le plus anciennement en fonctions, ou par le doyen d'âge, s'il y a durée égale de fonctions.

Art. 10. — Les délibérations de la commission sont transcrites sur un registre spécial, signé par les membres présents et confié à la garde du directeur.

Section IV. — Directeur.

Art. 11. — Le directeur est chargé, sous l'autorité du préfet, de l'administration intérieure de l'asile et de la gestion de ses biens et revenus.

Art. 12. — Il pourvoit, sous les conditions prescrites par la loi, à l'admission et à la sortie des aliénés, est chargé de la correspondance, et, sauf les droits réservés au médecin en chef par l'article 59, de tout ce qui concerne la police de l'établissement.

Art. 13. — Il tient ou fait tenir sous sa responsabilité :

1° Les registres prescrits par la loi du 30 juin 1838 (art. 12 et 18) ;

2° Les registres du mouvement de la population constatant, jour par jour, mois par mois et année par année, le nombre des journées de présence pour toutes les catégories de personnes nourries dans l'établissement ;

3° Un registre matricule du personnel des fonctionnaires, employés, préposés et servants ;

4° Le registre des décès prescrit par l'article 80 du Code Napoléon ;

5° Un sommier des propriétés immobilières, rentes et créances composant l'actif de l'asile ;

6° Un registre des minutes de la correspondance ;

7° Un registre des mandats classés d'après les articles du budget des dépenses ;

8° Un répertoire des archives.

Art. 14. — Il prépare les budgets annuels et les soumet, avec l'avis de la commission de surveillance, à l'approbation du préfet, deux mois au moins avant l'ouverture de l'exercice.

Il présente au préfet, dans le mois qui suit la clôture de l'exercice, le compte administratif et moral de l'établissement, accompagné de la délibération de la commission de surveillance qui l'a vérifié et en a constaté les résultats.

Art. 15. — Il constate les sommes à recouvrer par le receveur, remet à ce comptable, en temps utile, les titres qui établissent la nature et la quotité des créances, et se fait rendre compte par lui des diligences exercées.

Il procède à la vérification de la caisse à l'époque de la clôture de la gestion et de l'exercice, et à des époques indéterminées, toutes les fois qu'il le juge convenable.

Art. 16. — Toutes les dépenses en deniers sont mandatées par le directeur.

Art. 17. — Les dépenses à faire à titre d'avances aux pensionnaires, ou à titre d'emploi de l'avoir des pensionnaires, doivent être autorisées par le directeur préalablement et par écrit, qu'elles s'opèrent par voie d'achat au dehors ou de prélèvement sur les magasins de l'établissement.

Art. 18. — Le directeur fait dresser et soumet à l'approbation du préfet, avec l'avis de la commission de surveillance, les devis des travaux d'entretien et de réparation des bâtiments.

Il peut toutefois, en cas d'urgence, ordonner, sans l'autorisation préalable du préfet, les travaux de réparation dont la dépense, imputable sur les crédits ouverts au budget, n'excède pas le tiers du crédit alloué.

Art. 19. — Le directeur surveille les opérations de l'économe, les réceptions et les distributions de fournitures ; il vérifie les restes en magasin d'après les états de situation qui lui sont fournis périodiquement ou sur sa demande.

A la fin de chaque année, il procède au récolement de l'inventaire, avec le concours d'un membre de la commission de surveillance désigné par elle.

Art. 20. — Le directeur fait connaître chaque jour à l'économe par un bulletin officiel :

1° Le nombre des individus à nourrir, d'après l'état de la population, dans les diverses catégories fixées par le règlement (modèle n° 1) ;

2° Le régime alimentaire du jour, comprenant la fixation, en nombre et en nature, des mets du régime ordinaire pour chaque catégorie et des mets de remplacement (modèle n° 2).

Chaque jour, avant la visite du matin, il fait également connaître au médecin en chef le régime alimentaire du jour.

Art. 21. — Le directeur ne peut ordonner aucun changement à la distribution des bâtiments, à la destination des localités, à l'organisation des services, que sur l'avis de la commission de surveillance et avec l'autorisation du préfet.

Le médecin en chef est appelé à donner son avis motivé et écrit toutes les fois que le changement proposé intéresse le service médical ou est de nature à exercer quelque influence sur l'état sanitaire de l'établissement.

Art. 22. — En cas de dissidence entre le directeur et le médecin en chef sur l'opportunité des mesures exigeant leur concours réciproque, les choses demeurent en l'état et le directeur en réfère immédiatement au préfet.

Art. 23. — Dans la séance ordinaire de chaque mois, le directeur porte à la connaissance de la commission de surveillance les faits principaux qui se sont accomplis pendant le mois précédent.

Il met sous ses yeux le mouvement de la population, la situation de la caisse et un état indiquant la suite donnée aux affaires antérieurement délibérées.

Art. 23. — Le directeur signale immédiatement au préfet les évasions, accidents, tentatives ou accomplissement de meurtre ou de suicide.

Il lui rend également compte de tous manquements graves imputés aux fonctionnaires et employés non soumis aux peines disciplinaires édictées par l'article 187.

Art. 25. — Le directeur ne peut s'absenter plus de deux jours sans l'autorisation du ministre de l'intérieur, hormis le cas d'urgence prévu par la circulaire du 26 juin 1855 (1).

(1) *Extrait de la circulaire du 26 juin 1855 :*

.... Lorsqu'un directeur d'asile d'aliénés sollicitera un congé, vous m'adres-

Le service administratif est alors confié par le préfet, soit au médecin en chef, soit à un intérimaire spécial.

SECTION V. — RECEVEUR.

ART. 26. — Le receveur est exclusivement chargé de la perception des revenus et du payement de toutes les dépenses.

Il est tenu d'exercer personnellement sa gestion.

La caisse est ouverte tous les jours non fériés, de heures du matin à heures du soir.

ART. 27. — Le receveur est soumis aux dispositions des lois relatives aux comptables publics ; sa responsabilité est la même que celle de ces agents; il se conforme aux lois, ordonnances et instructions ministérielles qui régissent la comptabilité des établissements de bienfaisance.

ART. 28. — Il lui est expressément interdit d'effectuer le payement des mandats, même dûment acquittés, entre les mains d'intermédiaires attachés, à quelque titre que ce soit, à l'établissement.

ART. 29. — Il doit ouvrir tous les comptes particuliers et tenir tous les livres auxiliaires que peut réclamer la comptabilité spéciale relative aux dépôts d'argent et au pécule des travailleurs.

ART. 30. — Il remet au directeur, dans la quinzaine qui suit l'expiration de chaque trimestre, la balance des comptes et le bordereau de la situation prescrits par les règlements.

ART. 31. — Dans le premier trimestre de l'année, il remet une copie de son compte au directeur, qui le soumet, avec son

---

serez sa demande avec un avis motivé, et je vous ferai connaître ma décision.

Si des considérations exceptionnelles exigeaient une autorisation immédiate, vous pourriez l'accorder, mais vous auriez ensuite à m'en rendre compte.

avis, à la commission de surveillance et le transmet ensuite au préfet.

Art. 32. — Il est tenu de remettre au directeur, sur sa demande, à toute époque, et chaque mois pour la séance obligatoire, la balance des comptes et la situation de la caisse.

Section VI. — Économe.

Art. 33. — Les services économiques de l'établissement sont confiés à l'économe, sous l'autorité et la surveillance du directeur.

Art. 34. — L'économe est chargé de la réception, de la conservation et de la distribution des denrées et autres objets de consommation.

Art. 35. — Il ne peut recevoir de fournitures que des mains des individus avec qui l'administration a passé des marchés réguliers, ou qui sont nominativement désignés dans l'ordre d'achat émané du directeur.

Il vérifie les fournitures au moment de leur réception, et si elles ne lui paraissent pas de bonne qualité, ou conformes aux conditions des marchés, il les refuse et en exige le remplacement.

En cas de difficultés avec les fournisseurs, l'économe en réfère au directeur, qui statue.

Art. 36. — Il ne reçoit les denrées destinées à la pharmacie que sur un bulletin du médecin en chef en constatant la bonne qualité.

Art. 37. — Il a la garde de tous les magasins, de la lingerie et du vestiaire et la surveillance de la cuisine et de tous les ateliers.

Art. 38. — Il procède ou fait procéder par les agents de l'économat à la distribution des divers objets de consommation, en se conformant au règlement et aux ordres écrits du directeur.

Art. 39. — Les écritures doivent être passées sur le journal au moment même où les distributions sont faites et conformément à ces distributions.

Les écritures et les livraisons faites par l'économe doivent être quotidiennes pour toutes les distributions alimentaires.

Art. 40. — Pour la livraison des aliments non préparés et la distribution des aliments préparés, l'économe est tenu de se conformer :

1° Au bulletin officiel transmis par le directeur en exécution de l'article 20 (modèles nos 1 et 2) ;

2° Aux relevés des cahiers de visite indiquant les modifications individuelles prescrites par le médecin (modèles nos 3, 4 et 5) ;

3° Aux allocations fixées par le tarif du régime alimentaire pour les rations et les fractions de ration (modèles nos 6, 8, 9 et 10).

Art. 41. — Pour la justification des opérations relatives à la consommation alimentaire de chaque jour, l'économe est tenu de se régler sur les documents énumérés dans l'article précédent et sur la constatation régulière des restes provenant des livraisons et des distributions de la veille, en se conformant aux modèles nos 11 et 12.

Art. 42. — L'économe est chargé de veiller à l'entretien et à la conservation du mobilier.

Il dresse l'inventaire général du mobilier de l'établissement (modèle n° 13) et les carnets d'inventaires pour chacune des divisions.

Nul objet porté sur les inventaires n'en peut être retranché que par suite de réintégration régulière dans les magasins, ou de procès-verbaux de destruction ou d'usure rédigés par l'économe et approuvés par le directeur et un membre de la commission de surveillance.

L'économe est responsable de tout déficit qui, au moment du récolement annuel ou à toute autre époque, est reconnu provenir de sa faute ou de sa négligence.

Art. 43. — Tous les objets pour lesquels il n'a été fait ni adjudication ni marché sont achetés par l'économe, en vertu d'ordres du directeur ; le receveur en acquitte le prix.

Art. 44. — Il est expressément interdit à l'économe de rédiger lui-même, ou de faire rédiger par aucune personne attachée à l'établissement, les factures des fournisseurs.

Art. 45. — Néanmoins, pour les achats relatifs à la consommation journalière et pour les menues dépenses qui ne comportent ni factures régulières ni mandats spéciaux, le receveur met à la disposition de l'économe, à titre d'avances, sur l'ordonnancement du directeur, une somme qui ne peut excéder.....

Lorsque cette somme est dépensée, l'économe en justifie l'emploi par un état détaillé, dans lequel les dépenses sont classées conformément aux articles du budget, et il ne lui est remis de nouveaux fonds qu'après le visa et l'approbation de cet état par le directeur.

Art. 46. — L'économe est soumis aux dispositions des lois relatives aux comptables publics et à leur responsabilité.

Il tient ses écritures conformément aux instructions relatives à la comptabilité-matières.

Art. 47. — Il remet au directeur, dans les cinq premiers jours de chaque mois, un relevé du grand-livre comprenant les opérations du mois précédent et constatant les restes en magasin.

Il est responsable de tout déficit non justifié par un procès-verbal de déchet, coulage ou destruction, signé par le directeur et un membre de la commission de surveillance.

Art. 48. — Il remet, dans les trois premiers mois de chaque année, un compte de gestion au directeur, qui soumet ce compte, avec l'avis de la commission de surveillance, à l'approbation du préfet.

Section VII. — Employés et préposés.

Art. 49. — Les employés attachés à la direction, à la recette et à l'économat, sont tenus d'être dans leurs bureaux respectifs depuis heures du matin jusqu'à heures du soir.

Art. 50. — Les divers préposés et gens de service sont sous l'autorité du directeur et sous les ordres immédiats du chef du service auquel ils sont attachés.

Art. 51. — Le concierge est tenu de faire exécuter, à l'égard de tous sans exception, la consigne générale et les consignes particulières qui lui sont données par le directeur, et qui doivent être affichées dans sa loge.

Il prend le matin et remet le soir chez le directeur les clefs aux heures fixées pour l'ouverture et la fermeture de la porte de l'établissement.

Section VIII. — Service médical.

Art. 52. — Le personnel du service médical est composé ainsi qu'il suit :

1° Un médecin en chef,

2° Un médecin adjoint,

3° Un chirurgien,

4° Un pharmacien,

5° Un ou plusieurs élèves internes.

Art. 53. — Sont attachés au service médical :

1° Des sœurs hospitalières, dont la supérieure remplit les fonctions de surveillante en chef dans la section des femmes ;

2° Un surveillant en chef de la section des hommes ;

3° Des infirmiers, et, à défaut de sœurs hospitalières, des infirmières, dont le nombre est fixé par le préfet.

Art. 54. — Les élèves internes sont nommés par le préfet, sur la présentation du directeur et du médecin en chef; ils doivent être âgés de vingt et un ans au moins et avoir au moins dix inscriptions.

Art. 55. — Le directeur et le médecin en chef peuvent demander au préfet la révocation des élèves internes.

Le directeur, lorsque la révocation est demandée par le médecin en chef, et le médecin en chef, lorsqu'elle est demandée par le directeur, sont appelés à donner leur avis.

La commission de surveillance est toujours entendue.

Art. 56. — Tous les préposés et gens de service désignés dans les deuxième et troisième paragraphes de l'article 53 sont nommés par le directeur, sur l'avis conforme du médecin en chef.

Ils sont révocables par le directeur pour cause d'infidélité, d'insubordination ou d'inconduite et pour le cas prévu par l'article 107.

Leur révocation, dans les autres cas, ne peut avoir lieu que sur la demande ou l'avis conforme du médecin en chef.

En cas de dissentiment entre le directeur et le médecin en chef, il en est référé au préfet.

Section IX. — Médecin en chef.

Art. 57. — Le service médical est placé sous l'autorité du médecin en chef.

Art. 58. — Le médecin en chef remplit, sous sa responsabilité, toutes les obligations imposées aux médecins des établissements d'aliénés par la loi du 30 juin 1838.

Pour la délivrance des certificats que cette loi exige, il ne peut être suppléé par le médecin adjoint que dans le cas d'absence autorisée ou d'empêchement constaté.

Art. 59. — Il règle le mode de placement, de surveillance et de traitement des aliénés.

Il désigne seul les aliénés pour les travaux et les exercices auxquels ils peuvent être occupés.

Il veille à l'accomplissement de toutes les obligations imposées aux élèves internes.

Il s'assure que les employés et gens de service ont pour les aliénés et les malades les égards convenables, et veille à la bonne tenue des salles et des quartiers.

ART. 60. — Il visite chaque jour les aliénés de toutes classes et de toutes catégories.

Il est accompagné dans cette visite, qui commence, du 1er avril au 30 septembre, à heures du matin, et du 1er octobre au 31 mars à heures du matin, par le médecin adjoint, les élèves internes, le surveillant en chef chez les hommes et la surveillante en chef chez les femmes.

ART. 61. — Le médecin en chef tient ou fait tenir, au moment de sa visite, les cahiers de visite, le cahier de la pharmacie et le cahier des notes pour les observations.

ART. 62. — Les cahiers de visite sont divisés en deux séries : l'une pour les jours pairs, l'autre pour les jours impairs.

Le nombre des cahiers de visite est égal à celui des divisions de l'établissement.

Ces cahiers indiquent, nominativement pour chaque malade, les prescriptions alimentaires et les prescriptions pharmaceutiques et médicales de toute espèce.

Immédiatement après la visite de chaque division, le cahier, signé par le médecin en chef, est transmis à l'économat, d'où, après le dépouillement des prescriptions alimentaires, il est renvoyé dans la division à laquelle il se rapporte.

ART. 63. — Le cahier de la pharmacie est signé par le médecin en chef, et transmis à la pharmacie immédiatement après la fin de la visite générale.

L'élève interne de garde se concerte avec le pharmacien pour la distribution des médicaments dangereux ; il extrait du cahier de pharmacie, pour lui-même, un état nominatif des prescriptions qu'il lui appartient d'exécuter personnellement, et, pour le surveillant en chef et la surveillante en chef, un état nominatif des prescriptions médicales dont l'exécution est confiée aux infirmiers et aux infirmières.

ART. 64. — Le médecin en chef fait rédiger et tenir au courant par les élèves internes, sous la surveillance du médecin adjoint, des observations individuelles comprenant pour chaque aliéné l'indication du nom, des prénoms, du sexe, de l'âge, du lieu de naissance et de domicile, de la profession, du jour de l'entrée, de la sortie ou du décès ; l'abrégé historique de la maladie, l'indication de ses causes, le mode de sa terminaison, l'exposé sommaire du traitement, ainsi que le résultat de l'autopsie en cas de décès.

La rédaction des observations courantes est également confiée aux élèves internes ; le médecin en chef leur remet, à cet effet, les notes prises à la visite de chaque jour.

Les observations terminées par la sortie ou par la mort sont réunies et reliées en volumes à la fin de chaque année et déposées dans les archives.

ART. 65. — Indépendamment du rapport semestriel prescrit par l'article 20 de la loi du 30 juin 1838, le médecin en chef doit, dans les trois premiers mois de chaque année, rédiger un compte général et détaillé et un relevé statistique du service médical pendant l'année précédente.

Le compte rendu du service médical est adressé au préfet et remis au directeur pour être joint à son compte moral et administratif ; les deux documents sont transmis, en double expédition, au préfet, avec l'avis de la commission de surveillance.

ART. 66. — Immédiatement après le décès d'un malade, le corps sera porté à la salle des morts, et l'état extérieur du corps, ainsi que le décès, sera préalablement constaté par l'élève interne de garde.

Les parents seront prévenus du décès, et il ne pourra être procédé à l'autopsie lorsqu'ils y auront formé une opposition écrite.

Les autopsies seront faites par le médecin en chef, qui pourra se faire suppléer par le médecin adjoint.

Le médecin qui procédera ou présidera à l'autopsie en dictera immédiatement le procès-verbal à l'un des élèves présents et y apposera sa signature.

Art. 67. — Le médecin en chef est tenu de résider dans l'établissement.

Il ne peut s'absenter plus de vingt-quatre heures sans en donner avis au directeur, et plus de quarante-huit heures sans un congé du préfet.

Art. 68. — Il ne peut être intéressé dans la gestion, ni attaché, soit comme médecin habituel, soit comme médecin consultant, au service médical d'un établissement privé destiné au traitement de l'aliénation mentale.

Section X. — Médecin adjoint.

Art. 69. — Le médecin adjoint seconde le médecin en chef dans toutes les parties du service, et le remplace en cas d'absence ou d'empêchement.

Art. 70. — Il est expressément chargé, sous l'autorité du médecin en chef :

1° De surveiller toutes les parties du service médical et d'assurer l'exécution régulière des prescriptions du médecin en chef;

2° De faire la deuxième visite du soir, qui a lieu chaque jour à   heures, et qui s'étend à toutes les divisions;

3° De diriger et de surveiller la rédaction des observations prescrites par l'article 64.

Art. 71. — Le médecin adjoint est tenu de résider dans l'établissement.

Il ne peut s'absenter plus de vingt-quatre heures sans en donner avis au directeur et sans avoir obtenu l'agrément du médecin en chef, et plus de quarante-huit heures sans un congé du préfet.

Art. 72. — Il est soumis, comme le médecin en chef, aux prescriptions de l'article 68.

Section XI. — Chirurgien.

Art. 73. — Le traitement des maladies chirurgicales est confié au chirurgien.

Art. 74. — Le chirurgien est immédiatement appelé dans tous les cas qui exigent des soins chirurgicaux.

Art. 75. — Le placement des aliénés dans l'infirmerie affectée au service chirurgical est ordonné par le chirurgien, avec l'assentiment du médecin en chef.

Art. 76. — Le chirurgien visite les aliénés soumis au traitement chirurgical, chaque jour, aux heures fixées par l'article 60 pour la visite médicale.

Art. 77. — Il se conforme, en ce qui concerne les cahiers de visite et les observations, aux prescriptions de l'article 64.

Art. 78. — Il doit, dans les trois premiers mois de chaque année, rédiger un compte rendu du service chirurgical pendant l'année précédente, conformément à ce qui est prescrit pour le service médical par l'article 65.

Art. 79. — Il procède à l'autopsie des malades décédés dans son service, en se conformant aux prescriptions de l'article 66, et après s'être préalablement concerté sur le jour et l'heure de l'autopsie avec le médecin en chef, qui a le droit d'y assister ainsi que le médecin adjoint.

Art. 80. — Le chirurgien n'est pas tenu à la résidence dans l'établissement.

Il ne peut se dispenser de la visite pour un jour sans en donner avis au directeur, et sans avoir obtenu d'être remplacé par le médecin en chef ou le médecin adjoint.

Il ne peut se dispenser de la visite pour plus de deux jours sans un congé du préfet.

Section XII. — Pharmacien.

Art. 81. — Le pharmacien est chargé, sous la surveillance du directeur et du médecin en chef, de tout ce qui concerne le service thérapeutique.

Il fait les propositions relatives à l'approvisionnement de la pharmacie ; il vérifie la qualité des substances pharmaceutiques au moment de leur réception ; il prépare et distribue les médicaments.

Art. 82. — Dans la préparation des médicaments les plus usuels, il se conforme, pour la proportion des substances médicamenteuses et des substances édulcorantes, aux règles tracées dans un formulaire concerté avec le médecin en chef et approuvé par le directeur.

Pour toutes les autres préparations, il se conforme au Codex et aux prescriptions formulées par les médecins.

Art. 83. — Le pharmacien ne peut délivrer aucun médicament que sur la prescription expresse et nominative des médecins de l'établissement et pour l'usage exclusif des aliénés et de ceux des employés, préposés et servants qui sont logés et nourris dans l'établissement.

Art. 84. — Il livre aux infirmiers les médicaments destinés aux aliénés, conformément aux prescriptions du cahier de la pharmacie ou aux ordonnances spéciales délivrées dans le cours de la journée.

Dans le cas où les médicaments prescrits contiennent des substances dangereuses, le pharmacien ne peut les confier qu'à l'élève interne de garde, exclusivement chargé de les administrer aux malades.

Art. 85. — Le pharmacien tient les écritures relatives à la gestion de son officine.

Les registres nécessaires à la tenue de cette comptabilité sont cotés et parafés par le directeur, qui les vérifie au moins une fois par trimestre.

Il remet, avant l'expiration du premier trimestre, son compte de gestion de l'année précédente au directeur, qui, après l'avoir approuvé, le joint au compte de gestion de l'économe comme pièce justificative.

Art. 86. — Il sera procédé chaque année par le pharmacien, en présence du directeur et du médecin en chef, à un récolement ou inventaire de tous les médicaments existant en magasin à la date du 31 décembre.

Les résultats de cette opération seront constatés et certifiés par ceux qui y auront concouru.

Dans le cas où des médicaments seraient reconnus avariés et hors d'état d'être employés, il sera dressé un procès-verbal de mise au rebut de ces médicaments constatant l'indication de la cause de l'avarie.

Art. 87. — Le pharmacien est tenu de résider dans l'établissement.

Il lui est interdit d'avoir la gestion, la propriété d'une pharmacie privée ou un intérêt quelconque dans un établissement de ce genre.

Section XIII. — Élèves internes.

Art. 88. — Les élèves internes secondent le médecin en chef et le médecin adjoint.

Art. 89. — Ils restent en exercice pendant trois ans.

Ils peuvent se faire recevoir docteurs en médecine dans cet intervalle, sans être forcés de renoncer à leurs fonctions.

Une prolongation de la durée de l'internat pour une ou plusieurs années peut être accordée par le préfet, sur la demande du directeur et du médecin en chef.

Art. 90. — Le service des élèves internes est quotidien et périodique.

Art. 91. — Le service quotidien comprend :

1° L'assistance à la visite du matin ;

2° La tenue des cahiers de visite, du cahier de la pharmacie et du cahier des notes pour les observations ;

3° Les pansements ;

4° La rédaction des observations individuelles.

La répartition de ces obligations entre les internes est réglée par le médecin en chef.

Art. 92. — Le service périodique comprend :

1° Le service de garde pendant vingt-quatre heures ;

2° L'administration des médicaments dangereux ;

3° L'administration des douches et la surveillance des bains d'affusion ;

4° L'exécution des prescriptions médicales qui ne peuvent être confiées aux infirmiers et aux infirmières ;

5° L'assistance à la visite du soir ;

6° La constatation des décès.

Art. 93. — Chacun des internes est chargé, à tour de rôle, du service périodique.

L'interne de garde ne peut se faire remplacer par un autre interne que sur l'autorisation écrite du médecin en chef, approuvée par le directeur.

Sous aucun prétexte, il ne peut sortir de l'enceinte de l'établissement pendant toute la durée de la garde.

De heures du matin à heures du soir, il séjourne dans la salle de garde, et de heures du soir à la visite du lendemain, dans sa chambre.

S'il vient à sortir de la salle de garde ou de sa chambre, il indique sur un tableau à ce destiné le lieu dans lequel il s'est rendu.

Art. 94. — L'interne de garde est appelé à donner les premiers secours aux malades en cas de besoin; mais il lui est interdit de prescrire des douches et des bains d'affusion; la prescription en est exclusivement réservée aux médecins.

Toutes les fois qu'un accident grave se présente, il est tenu d'en faire immédiatement avertir le médecin en chef et le directeur.

Section XIV. — Sœurs hospitalières.

Art. 95. — Le service intérieur de la section des femmes et la direction secondaire des services économiques à la cuisine, à l'office, à la lingerie, au vestiaire et dans les ateliers de femmes, sont confiés à des sœurs hospitalières, conformément à un traité fait par le directeur et approuvé par le préfet.

Art. 96. — Les sœurs hospitalières sont placées généralement, quant aux rapports temporels, sous l'autorité du directeur, et spécialement, quant au service médical, sous l'autorité du médecin en chef.

Art. 97. — Dans toutes les parties de leurs fonctions qui se rapportent aux services économiques, elles agissent comme déléguées de l'économe, qui est seul responsable.

Art. 98. — Le service des sœurs, dans l'intérieur de la section des femmes, se compose essentiellement des soins personnels à donner aux femmes aliénées et de la surveillance des divisions de section.

Ce service est continu et ne peut, en aucune circonstance, être interrompu ni le jour ni la nuit.

En conséquence, les sœurs qui en sont chargées habitent les divisions le jour et la nuit, et ne peuvent les quitter pendant le jour, même aux heures des offices et des repas, qu'en assurant la présence dans la section de   sœurs au moins, savoir une sœur par division.

Art. 99. — Les infirmières et les filles de service employées dans la section des femmes sont placées sous les ordres des sœurs.

Art. 100. — La supérieure remplit les fonctions de surveillante en chef de la section des femmes.

Elle se concerte avec le directeur et le médecin en chef pour le placement et le déplacement des sœurs dans les divers emplois du service.

Art. 101. — Les servants et les préposés des services économiques dont la direction secondaire est confiée aux sœurs sont sous les ordres des sœurs attachées à ces services et de la supérieure, qui reçoivent de l'économe les instructions nécessaires.

Section XV. — Surveillant et surveillante en chef. *Infirmiers et infirmières.*

Art. 102. — Le surveillant et la surveillante en chef, les infirmiers et les infirmières sont placés sous l'autorité du médecin en chef en tout ce qui concerne le service médical et les fonctions qu'ils ont à remplir auprès des malades.

Art. 103. — Le surveillant et la surveillante en chef sont spécialement chargés :

De maintenir le bon ordre et la discipline dans leurs sections respectives ;

D'assister à la distribution des aliments et de veiller à ce qu'elle soit faite conformément aux prescriptions des cahiers de visite ;

D'assister à la distribution des médicaments et de veiller à ce que les malades les prennent en temps utile ;

D'assister aux communications des visiteurs avec les malades, et de veiller à ce qu'il ne soit remis à ces derniers ni comestibles, ni instruments tranchants ou piquants, ni aucun autre objet, sans l'autorisation écrite du médecin en chef.

Art. 104. — Un service de nuit est institué et comprend :

1° La veille continue d'un infirmier dans la section des hommes et d'une infirmière dans la section des femmes ;

2° Des rondes spécialement confiées au surveillant et à la surveillante en chef, dans leurs sections respectives.

Art. 105. — Le droit d'ordonner l'emploi des moyens de contrainte appartient exclusivement au médecin en chef.

Si, dans un intérêt de sûreté, les infirmiers ou les infirmières se trouvent forcés de recourir d'urgence à l'emploi de l'un de ces moyens, ils doivent en rendre compte immédiatement au surveillant ou à la surveillante en chef, qui sont tenus d'en informer, dans le plus bref délai, le médecin en chef, et en son absence, le médecin adjoint ou l'interne de service.

Art. 106. — Il est expressément interdit au surveillant et à la surveillante en chef, ainsi qu'aux infirmiers et aux infirmières, d'infliger aux malades quelque punition que ce soit, et de rien changer aux conditions du régime qui leur est attribué par le règlement ou qui leur est prescrit par le médecin.

Art. 107. — Tout infirmier ou infirmière convaincu d'avoir maltraité un aliéné est immédiatement révoqué par le directeur, sans préjudice des poursuites judiciaires qui pourraient être intentées.

Section XVI. — Service religieux.

Aumônier.

Art. 108. — Le service religieux est confié à un aumônier nommé par l'évêque de , sur une liste de trois candidats que désigne le préfet.

Art. 109. — L'aumônier célèbre la messe tous les jours, les vêpres, saluts et exercices d'usage dans l'établissement tous les dimanches et jours de fête.

L'heure de la messe est fixée à heures pour les dimanches et jours de fête, à heures pour les jours non fériés.

Il administre les secours spirituels aux malades ainsi qu'aux fonctionnaires, employés et gens de service qui les réclament.

Tous autres exercices particuliers et extraordinaires ne peuvent avoir lieu que du consentement du directeur.

Art. 110. — L'aumônier accomplit gratuitement les services religieux qui sont à la charge de l'établissement.

Il n'a droit à aucun casuel.

Art. 111. — Les aliénés des deux sexes ne sont admis aux offices qu'avec la permission du médecin en chef.

Ils doivent être complétement séparés dans l'intérieur de la chapelle.

Art. 112. — Avant de communiquer avec les aliénés, l'aumônier doit prendre auprès du médecin en chef les indications nécessaires.

Il doit s'abstenir de toute relation avec eux dans le cas où le médecin en chef déclare que sa présence peut leur être préjudiciable.

Art. 113. — L'aumônier est appelé à fournir au directeur, lors de la préparation de l'état des consommations présumées et du budget, un exposé des besoins matériels du service religieux.

SECTION XVII. — POSITIONS DE REPOSANTS.

ART. 114. — Sur la demande du directeur, un arrêté du préfet, soumis à l'approbation du ministre de l'intérieur, pourra accorder la position de reposant à tous les employés résidant dans l'établissement et qui n'auraient point été adjoints aux caisses de retraites départementales.

SECTION XVIII. — ADMISSIONS, SORTIES ET DÉCÈS.

ART. 115. — Le directeur et le médecin en chef se conforment aux dispositions de la loi du 30 juin 1838, qui règlent les formalités relatives à l'admission, au séjour et à la sortie des aliénés.

ART. 116. — Les aliénés placés par l'autorité, sur la présentation de l'ordre de placement, et les aliénés placés par les familles, sur la justification des formalités légales et réglementaires, sont admis dans l'asile à toute heure du jour et de la nuit.

ART. 117. — Au moment de l'admission, le médecin en chef, ou, à son défaut, le médecin adjoint ou l'élève interne de garde, rédige le bulletin médical d'admission, visite le malade, désigne la division où il doit être placé et lui donne les premiers soins.

ART. 118. — Les pensionnaires entretenus au compte des familles sont divisés en classes.

Les prix de pension sont fixés ainsi qu'il suit :

1re classe,

2e classe,

Dernière classe, formant, avec les aliénés entretenus au compte des départements, la classe du régime commun.

ART. 119. — Les pensions se payent d'avance, par trimestre ou par mois.

Tout mois commencé est dû en entier à l'établissement.

En cas de sortie ou de décès du pensionnaire, les sommes qui auraient pu être payées d'avance sont remboursées, déduction faite du mois échu ou du mois commencé.

ART. 120. — Chaque pensionnaire est tenu d'apporter, en entrant, un trousseau dont la composition est déterminée par le règlement intérieur.

Le trousseau est entretenu aux frais de la famille.

Il lui est rendu, dans l'état où il se trouve, à la sortie ou au décès du pensionnaire.

S'il n'est pas retiré dans les six mois qui suivent la sortie ou la notification du décès, il devient la propriété de l'établissement.

ART. 121. — Des abonnements peuvent être faits :

Pour un surveillant attaché au service particulier d'un malade ;

Pour une surveillante attachée au service particulier d'une malade ;

Pour l'entretien du trousseau d'un pensionnaire de 1re classe ;

Pour l'entretien du trousseau d'un pensionnaire de 2e classe, etc., etc.

Ces abonnements sont payés de la même manière et aux mêmes époques que le prix de la pension.

Ils peuvent être pris à toute époque ; toutefois, le trousseau doit être préalablement reconnu et mis en bon état.

ART. 122. — Le chauffage et l'éclairage des chambres particulières se payent en sus du prix de la pension, en raison des fournitures faites et aux prix déterminés par le directeur, sur la proposition de l'économe.

ART. 123. — Les vêtements, linge et objets divers appartenant aux aliénés entretenus au compte des départements sont inventoriés au moment de leur admission et déposés dans un magasin spécial, pour être rendus aux malades au moment de leur sortie.

En cas de décès, les effets mobiliers servant à l'usage personnel des malades deviennent la propriété de l'établissement.

Les autres effets mobiliers laissés par les malades dans les asiles, à leur décès, appartiennent aux héritiers légitimes ou au domaine de l'État, en vertu des articles 731, 767 et 768 du Code Napoléon.

Art. 124. — Si au moment de la sortie d'un malade entretenu au compte des départements, les objets d'habillement qui doivent lui être remis sont insuffisants, l'administration de l'asile les remplace ou les complète.

Art. 125. — Les aliénés dont la sortie est permise ou ordonnée ne peuvent être remis qu'aux ayants droit sur leur personne, ou à des représentants dûment autorisés.

Ne sont également remis qu'aux ayants droit ou à leurs représentants, et seulement sur décharge écrite, les objets de toute nature appartenant aux malades sortants.

Art. 126. — S'il arrive qu'une aliénée vienne à accoucher dans l'établissement, le directeur prend les mesures nécessaires à la conservation de l'enfant, fait la déclaration de la naissance à l'officier de l'état civil et en donne avis au préfet.

Art. 127. — En cas de décès d'un aliéné, le directeur est tenu d'en donner avis, dans les vingt-quatre heures, à l'officier de l'état civil, et de faire inscrire sur un registre spécial les détails et les renseignements nécessaires à la rédaction de l'acte de décès.

Art. 128. — En cas de décès par suite de suicide ou de meurtre, le directeur appelle un officier de police à constater, avec le médecin en chef, l'état du cadavre et les circonstances se rapportant au décès.

Le médecin en chef en rédige un procès-verbal, qui est transcrit sur le registre légal, à la suite des annotations mensuelles.

Art. 129. — Les inhumations sont réglées et tarifées conformément à un arrêté pris par le directeur, sur l'avis de la commission de surveillance, et approuvé par le préfet.

Art. 130. — L'inhumation des aliénés entretenus au compte des départements est gratuite.

Section XIX. — Régime alimentaire.

Art. 131. — Le régime alimentaire est réglé par classes correspondantes aux classes de pension.

Art. 132. — Les aliénés entretenus au compte des départements sont assimilés aux pensionnaires de la dernière classe.

Les employés, préposés et servants nourris sont rangés par assimilation dans une des classes établies.

Les infirmiers, infirmières et servants sont assimilés à la dernière classe.

Les sœurs hospitalières, les internes et les surveillants en chef sont assimilés à la première classe.

Art. 133. — Le régime alimentaire est gras les dimanche, lundi, mardi, mercredi et jeudi, maigre les vendredi et samedi de chaque semaine.

Pendant le carême, il peut y avoir un jour maigre de plus.

Les abstinences du carême ne peuvent être imposées aux aliénés et ne peuvent être autorisées, sur leur demande, que d'après la prescription écrite du médecin en chef.

Art. 134. — Le régime est fixé pour chaque classe, conformément aux tableaux n°s 6, 7, 8, 9 et 10.

Art. 135. — Le régime alimentaire ne peut être modifié individuellement qu'en vertu des prescriptions du médecin en chef, dans les limites tracées par le modèle n° 2 pour les mets de remplacement.

Art. 136. — Tous les repas sont pris en commun et dans les réfectoires, sauf les cas où, d'après la prescription du médecin, certains pensionnaires doivent manger isolément.

L'heure des repas est fixée ainsi qu'il suit :

Premier repas,

Deuxième repas,

Troisième repas,

Art. 137. — Une ration supplémentaire de grammes de pain et de centilitres de vin, de cidre ou de bière, est attribuée, sur l'avis du médecin, aux aliénés employés à des travaux pénibles.

Section XX. — Coucher, habillement et mesures de propreté.

Art. 138. — Les lits des dortoirs pour les aliénés du régime commun sont en fer et se composent d'un sommier ou d'une paillasse, d'un matelas de laine et de crin, d'un traversin de laine et de crin ou de plume.

Les lits des infirmeries ont de plus un second matelas et un oreiller de plume.

Chaque lit compte deux couvertures : une de coton pour l'été, une de laine pour l'hiver, et une courte-pointe.

Art. 139. — Les lits des malpropres ont un fond garni en zinc, formé de quatre plans inclinés vers un orifice central ouvrant sur un tiroir à cuvette.

Ils ont pour fournitures ou des matelas de balle d'avoine coupés en trois segments, ou de la zostère, ou de la paille.

Art. 140. — Les lits d'agités doivent être fixés au sol ; leurs fournitures sont appropriées à l'état des malades.

Art. 141. — Les lits des infirmeries sont munis de rideaux,

attachés au plafond au moyen d'anneaux et cédant sous l'influence d'une faible traction.

Art. 142. — Il y a pour chaque lit d'infirmerie une table de nuit, et pour chaque lit de dortoir, un vase de nuit en faïence.

Les vases de nuit des cellules sont en métal, sans anse.

Art. 143. — Le vestiaire et la lingerie doivent être approvisionnés de manière à fournir à chaque aliéné entretenu au compte des départements les objets déterminés par le modèle n° 14 et à en permettre le renouvellement, ainsi qu'il est dit aux articles 145 et 146.

Art. 144. — Un arrêté du directeur, approuvé par le préfet, détermine l'uniforme des infirmiers et des infirmières.

Cet uniforme est fourni par l'administration de l'asile.

Le port en est obligatoire.

Les infirmiers et infirmières qui quittent l'établissement doivent le rendre en état.

Art. 145. — Les objets d'habillement et de literie sont changés ainsi qu'il suit :

Les chemises, mouchoirs, bas, chaussettes, bonnets, tabliers, etc., au moins une fois par semaine ;

Les bonnets de nuit, cravates, etc., tous les quinze jours ;

Les draps de lit, taies d'oreiller, pantalons de toile, tous les mois ;

Les pantalons, gilets, vestes d'étoffes, jupes, jupons, camisoles, tous les trois mois ;

Les souliers, sabots, chapeaux, etc., toutes les fois qu'il est nécessaire.

Le vestiaire et les couvertures d'hiver sont distribués le   octobre, le vestiaire et les couvertures d'été, le   mai.

Art. 146. — Les objets détruits ou souillés par les agités et les malpropres sont renouvelés chaque fois qu'il est nécessaire.

Art. 147. — Des dispositions sont arrêtées par le médecin en chef, de concert avec le directeur, pour que tous les aliénés prennent, dans le cours de l'année, au moins deux bains généraux et six bains de pieds.

Art. 148. — Des lavoirs sont installés dans chacune des divisions de l'établissement.

Art. 149. — Chaque aliéné a pour son usage privé deux peignes.

Toutes les semaines on fait la barbe aux hommes, et tous les trois mois on leur coupe les cheveux.

Section XXI. — Travail.

Art. 150. — Le travail est institué, dans l'asile, comme moyen de traitement et de distraction pour les malades.

Art. 151. — Ainsi qu'il est dit à l'article 59, le médecin en chef désigne seul les aliénés qui doivent y prendre part et le genre de travail auquel ils peuvent être occupés.

Le travail comprend :

1° La participation aux soins du ménage et aux travaux des services généraux ;

2° Les travaux de culture, de jardinage et de terrassement ;

3° Les travaux de couture et de blanchissage ;

4° Les travaux relatifs à l'entretien des bâtiments et du mobilier.

5° Travaux divers.

Art. 152. — Il est interdit d'occuper habituellement les aliénés à aucun des travaux qui consistent exclusivement dans l'emploi de la force musculaire et qui sont à l'usage des animaux, tels que mise en mouvement de pompes, roues, manéges, etc., et de louer leurs bras à des tiers pour des travaux quelconques.

Art. 153. — Le produit du travail appartient à l'établissement. Une rémunération de centimes est attribuée, pour chaque journée de travail, aux aliénés entretenus au compte des départements.

Art. 154. — La journée de travail est de dix heures.

Les chefs d'atelier et les surveillants constatent chaque jour nominativement, sur un état mensuel, le travail réel de chaque aliéné suivant sa durée par journée ou par fraction de journée équivalente au quart, à la moitié, aux trois quarts.

Art. 155. — Ledit état, visé par le médecin en chef et par l'économe, constate les droits de rémunération de chaque aliéné entretenu au compte des départements.

Le solde en est fait chaque mois par le receveur, sur un mandat du directeur revêtu pour ordre de l'acquit de l'économe.

Art. 156. — Le montant des rémunérations individuelles est porté au crédit du compte particulier ouvert au travailleur sur le registre du pécule tenu par l'économe.

Art. 157. — Le produit du travail est accumulé au crédit de chaque travailleur jusqu'à concurrence d'une somme fixe de réservée à titre de pécule éventuel de sortie.

Art. 158. — Tout aliéné sortant a droit à recevoir intégralement le montant de son pécule.

Art. 159. — Tout aliéné sortant pour cause de guérison, et dont le pécule n'a pas atteint le taux fixé par l'article 157, a droit au complément de son pécule.

La somme complémentaire est ordonnancée par le directeur et imputable sur le crédit ouvert au budget pour la rémunération du travail.

Art. 160. — Il n'est fait emploi, au profit de l'aliéné travailleur, d'aucune somme provenant de la rémunération du travail, avant que son pécule ait atteint le chiffre de

Art. 161. — Il est fait emploi, au profit de l'aliéné travailleur, sur sa demande ou sur la demande des surveillants ou des surveillantes, avec l'approbation du médecin en chef et par l'ordre du directeur, de tout le produit de son travail qui dépasse le montant du pécule éventuel de sortie.

Art. 162. — Avec l'approbation du médecin en chef et sur l'ordre du directeur, l'aliéné travailleur peut disposer de l'excédant de son pécule en faveur de l'un de ses parents, père, mère, époux, épouse, enfant, frère ou sœur, neveu ou nièce.

Art. 163. — En cas de décès, le pécule de l'aliéné travailleur appartient à l'établissement. Il en est de même des objets qui ont pu être acquis à son profit sur la rémunération du travail.

Section XXII. — Occupations intellectuelles et distractions.

Art. 164. — Des occupations intellectuelles et des distractions au moyen de jeux sont assurées aux aliénés, qui y prennent part sur la désignation du médecin en chef, et, lorsqu'il s'agit d'exercices corporels, sous la surveillance des infirmiers et des infirmières.

Il est interdit aux aliénés de jouer de l'argent.

Art. 165. — Les aliénés entretenus au compte des départements qui, au moment de leur entrée, sont reconnus avoir l'habitude du tabac, reçoivent gratuitement grammes de tabac en poudre ou grammes à fumer par jour.

Du tabac à priser ou à fumer, en quantité déterminée par suite de convention, est fourni aux aliénés pensionnaires, sur la demande et aux frais de leurs familles.

Art. 166. — Aucun aliéné n'est autorisé à avoir à sa disposition de moyen de faire du feu.

Il n'est permis aux aliénés de fumer qu'à des heures déterminées, au moment des récréations et sous la surveillance des infirmiers.

Section XXIII. — Visites et sorties.

Art. 167. — Les aliénés ne peuvent être visités par leurs parents et leurs amis que sur une permission écrite du médecin en chef, soumise au visa du directeur.

Art. 168. — Les visites se font au parloir ou dans les jardins, sous la surveillance des infirmiers et des infirmières ; dans les cas exceptionnels de convenance ou de nécessité reconnues par le médecin en chef et le directeur, elles peuvent se faire dans les divisions et dans les chambres des pensionnaires.

Art. 169. — Les visites ont lieu les de chaque semaine, de heures à heures.

La durée de la visite peut être limitée à un temps déterminé dans la permission du médecin en chef.

Elle doit immédiatement cesser toutes les fois qu'elle a pour effet d'agiter le malade.

Art. 170. — Aucun aliéné ne peut faire de promenades extérieures, s'il n'est accompagné d'un infirmier ou d'une infirmière, ou s'il n'est confié à un parent ou à un ami qui prend la responsabilité de la surveillance du malade au seuil de l'établissement.

La permission de sortie, délivrée par le médecin en chef et visée par le directeur, doit mentionner le nom de la personne qui accompagnera ou recevra le malade et déterminer la durée de l'absence.

Art. 171. — Le directeur transmet, une fois au moins chaque mois, aux familles qui le demandent, des bulletins rédigés par le médecin en chef, constatant l'état physique et moral des malades.

Section XXIV. — Emploi de la journée.

Art. 172. — Les aliénés se lèvent, du 1er mai au 1er octobre, à heures du matin, et du 1er octobre au 1er mai, à heures.

Ils se couchent, dans la première période, à heures du soir, et dans la seconde, à heures du soir.

Art. 173. — Une demi-heure est consacrée chaque matin, immédiatement après le lever, à la toilette et aux soins de propreté.

Art. 174. — Le travail commence à heures jusqu'à la visite médicale.

Il est repris à heures, après la récréation qui suit le déjeuner, jusqu'à heures, et à heures, après la récréation qui suit le dîner, jusqu'à heures.

Art. 175. — La prière du matin avant le travail, la prière du soir avant le coucher, et les prières ordinaires avant et après chaque repas, sont faites à haute voix par un malade ou un infirmier.

Art. 176. — La durée de chaque repas et de la récréation qui le suit est de heures.

Une récréation de heures a toujours lieu entre la cessation du travail et le coucher.

Section XXV. — Dispositions générales.

Art. 177. — La porte de l'établissement est ouverte à heures du matin, du 15 avril au 15 septembre, et à heures du matin du 15 septembre au 15 avril, et fermée à heures du soir pendant la première période, à heures du soir pendant la seconde.

Art. 178. — Les employés qui habitent l'établissement ne peuvent y entrer ou en sortir avant ou après les heures fixées par l'article précédent, sans une autorisation écrite du directeur.

Art. 179. — Les personnes étrangères à l'établissement ne sont admises à le visiter qu'avec l'autorisation et sous la responsabilité du directeur, à moins qu'elles ne soient personnellement accompagnées par le médecin en chef.

Art. 180. — Nul étranger ne peut être autorisé à se mettre en rapport avec les malades.

Art. 181. — Toute introduction de comestibles, de boissons spiritueuses, d'instruments tranchants ou piquants, de livres, de journaux et généralement d'objets susceptibles d'un emploi dangereux ou nuisible dans un établissement d'aliénés, est rigoureusement interdite, hors les cas où le directeur juge devoir l'autoriser.

Art. 182. — Les aliénés ne peuvent avoir d'argent à leur disposition qu'avec l'autorisation du directeur, sur l'avis conforme du médecin en chef.

Art. 183. — Il est interdit à toutes les personnes attachées au service administratif ou médical de la maison de recevoir, sous aucun prétexte, aucune somme d'argent, soit comme rémunération de services particuliers, soit comme dépôts pour le compte et à l'usage des pensionnaires.

Les dépôts d'argent ne peuvent être reçus que par le receveur.

Art. 184. — Le directeur, le médecin en chef, le médecin adjoint, les élèves internes et l'aumônier ont seuls le droit de pénétrer, pour l'exercice de leurs fonctions respectives, dans la division des hommes et dans celle des femmes.

Est interdite aux employés du sexe masculin l'entrée dans les divisions de femmes, aux employés du sexe féminin l'entrée dans les divisions d'hommes, si ce n'est pour les besoins du service, sur l'autorisation expresse du médecin en chef.

ART. 185. — Le directeur peut autoriser les absences qui n'excèdent pas huit jours pour les employés autres que le médecin en chef et le médecin adjoint, à la condition de pourvoir aux exigences des services, en se concertant avec le médecin en chef pour ce qui concerne le service médical.

Toute absence de plus longue durée ne peut être autorisée que par le préfet.

ART. 186. — Les infirmiers, infirmières, servants et servantes ne peuvent sortir dans le jour et découcher qu'avec l'autorisation du directeur.

ART. 187. — Des peines disciplinaires sont applicables aux employés, préposés et gens de service, à l'exception du directeur, du médecin en chef, du médecin adjoint, du pharmacien, du receveur, de l'économe, de l'aumônier et des sœurs hospitalières.

Elles consistent :

1° Dans la réprimande, applicable à tous les employés, préposés et gens de service ;

2° Dans la consigne à l'intérieur, applicable à ceux qui résident dans l'établissement ;

3° Dans la garde hors de tour, applicable aux élèves internes ;

4° Dans l'augmentation temporaire du nombre des heures de travail, pour les commis aux écritures ;

5° Dans la privation de sortie, pour les infirmiers, infirmières et gens de service.

ART. 188. — Les peines disciplinaires sont prononcées par le directeur.

Elles ne peuvent toutefois être prononcées contre les élèves internes et les employés attachés au service médical ou chirurgical, pour faits relatifs à ces services, que sur la demande ou l'avis préalable du médecin en chef.

Art. 189. — Le directeur devra soumettre à l'approbation du préfet, après avoir pris l'avis de la commission de surveillance, les règlements particuliers qu'il jugera utile d'instituer pour compléter le règlement général, en ce qui se rapporte aux mesures de discipline, d'ordre et de police intérieure.

Arrêté à Paris, le 20 mars 1857.

---

21 mars 1858. — Décret *relatif à la classification des médecins dans les asiles publics d'aliénés.*

Napoléon, par la grâce de Dieu et la volonté nationale, empereur des Français,

A tous présents et à venir, salut.

Sur le rapport de notre ministre de l'intérieur et de la sûreté générale ;

Vu la loi du 30 juin 1838 et l'ordonnance du 18 décembre 1839, sur le service des aliénés ;

Avons décrété et décrétons ce qui suit :

Art. 1er. — Le cadre des directeurs et des médecins des asiles publics d'aliénés est fixé ainsi qu'il suit :

Directeurs et directeurs-médecins.	1re classe.	6
	2e classe.	8
	3e classe.	10
	4e classe.	nombre illimité.
Médecins en chef.	1re classe.	2
	2e classe.	3
	3e classe.	4
	4e classe.	nombre illimité.
Médecins adjoints	1re classe.	4
	2e classe.	2
	3e classe.	nombre illimité.

Art. 2. — Les traitements correspondant auxdites classes sont réglés comme ci-dessous :

Directeurs . . . . Directeurs-médecins . . . . Médecins en chef.	1re classe.	6,000 fr.
	2e classe.	5,000
	3e classe.	4,000
	4e classe.	3,000
Médecins adjoints	1re classe.	2,500
	2e classe.	2,000
	3e classe.	1,800

Art. 3. — Le classement et l'avancement des titulaires des emplois susmentionnés ont lieu en vertu d'arrêtés de notre ministre de l'intérieur et de la sûreté générale.

Art. 4. — Ne peuvent être portés à une classe supérieure que les directeurs et les médecins qui comptent trois ans au moins d'exercice dans la classe précédente.

Art. 5. — Les dispositions de l'article 4 ne sont pas applicables au directeur ou au médecin qui, dans le cas prévu par l'ordonnance du 18 décembre 1839, serait chargé, par suite de suppression d'emploi, de la direction du service administratif et du service médical.

Art. 6. — Notre ministre de l'intérieur et de la sûreté générale est chargé de l'exécution du présent décret, qui sera inséré au *Bulletin des lois.*

---

26 juin 1858. — Circulaire du Ministre de l'intérieur *relative au transport des aliénés par les chemins de fer. — Ils devront être transportés séparément.*

Monsieur le Préfet, en vertu d'une décision de M. le ministre des travaux publics qui vous a été notifiée le 15 de ce mois, les dispositions de la circulaire du 6 août 1857, relatives au transport des prisonniers et des détenus dans les voitures de chemins de fer, seront désormais étendues aux aliénés et aux préposés chargés de les accompagner.

Isoler les aliénés et prévenir ainsi les inconvénients ou les dangers que pourrait faire naître leur présence au milieu d'autres voyageurs, tel est le but de la nouvelle mesure prescrite par mon collègue.

Vous devrez, Monsieur le Préfet, aviser, en ce qui vous concerne, à ce qu'elle soit appliquée sans difficulté ; vous vous concerterez dans ce but avec l'entrepreneur général des convois civils et militaires, chargé du transport des aliénés par les voies rapides. Il demeure entendu qu'en aucun cas les aliénés ne pourront être transportés dans les mêmes caisses de voitures que les prisonniers et les détenus.

Je vous prie de me rendre compte des dispositions que vous aurez prises en exécution de la présente dépêche.

---

18 février 1859. — Circulaire du Ministre de l'intérieur *portant instruction pour le transport des aliénés par les voies rapides* (1).

Monsieur le Préfet, vous avez été informé déjà, le 6 août 1857 et le 15 juin 1858, des décisions prises par M. le ministre des travaux publics, en ce qui concerne le transport, sur les chemins de fer, de tous les individus escortés et des aliénés.

L'usage des wagons de troisième classe, où ils ne peuvent être complétement séparés du public, leur est interdit, et ils doivent voyager désormais dans des compartiments réservés des wagons de deuxième classe, à deux banquettes, au prix de 20 cent. par compartiment et par kilomètre.

---

(1) Modification à l'arrêté ministériel du 23 avril 1855.

L'entrepreneur général des convois civils qui, aux termes de l'arrêté ministériel du 23 avril 1855, doit faire usage des voies rapides (chemins de fer, bateaux à vapeur et voitures publiques) toutes les fois qu'il est possible d'y recourir, au prix de 0 fr. 066 par homme et par kilomètre, n'a pas cru pouvoir continuer de se charger, à cette condition, d'un mode de transport que l'administration soumettait ainsi, par des considérations d'ordre public, à des règles nouvelles.

Cet entrepreneur a demandé ou qu'il fût désormais tenu compte du transport de l'escorte, aller et retour au prix de 0 fr. 066 par homme et par kilomètre, ou qu'il fût entièrement dispensé du transport des escortés et des aliénés par les voies rapides.

Or, les gendarmes qui escortent la plupart des individus dont il s'agit pouvant toujours revenir seuls, à prix réduit, dans les wagons de troisième classe, les calculs m'ont démontré qu'il y aurait économie pour l'administration à requérir directement des compagnies le transport des escortés et de leurs gardiens, aux conditions stipulées par le cahier des charges.

L'expérience déjà faite à cet égard, pour les condamnés qui voyagent au compte du ministère de l'intérieur, est entièrement favorable à ce système à la fois plus simple et moins onéreux que celui qu'avait établi l'arrêté du 23 avril 1855.

Aussi n'ai-je pas hésité à dispenser l'entrepreneur général des convois civils du transport, par les voies rapides, de tous les individus escortés et des aliénés voyageant soit au compte du ministère de l'intérieur, soit au compte des départements.

Toutefois, cette modification à l'arrêté du 23 avril 1855 ne concerne en aucune façon les indigents transportés sans escorte aux frais des départements et qui peuvent toujours voyager dans les wagons de troisième classe, aux prix stipulés par cet arrêté.

L'entreprise générale des convois civils reste également chargée des transports à faire, d'étape en étape, par les voitures à colliers, chevaux ou mulets de bât, d'après les mêmes clauses et conditions.

C'est donc par les soins de cette entreprise que devront être conduits aux gares des chemins de fer et des gares aux lieux de destination, les individus escortés et les aliénés qui, pour le trajet en chemin de fer seulement, cesseront d'être confiés à l'entreprise des convois civils.

Vous ne perdrez pas de vue à ce sujet qu'aux termes de l'article 7 de l'arrêté du 23 avril 1855, tous les transports qui ne sont pas effectués d'un gîte d'étape à un autre, doivent être payés à l'entrepreneur général des convois civils, en raison d'une moyenne invariable de 28 kilomètres, quelle que soit la distance parcourue.

Il importe donc de ne recourir à cette entreprise, du point de départ à la gare ou de la gare au lieu de destination, qu'autant que la distance ou d'autres circonstances ne permettraient pas de faire le trajet autrement.

Les réquisitions pour le transport par les chemins de fer seront directement adressées par l'autorité compétente aux administrateurs ou à leurs représentants, et ces administrateurs vous adresseront leurs mémoires en temps utile.

Vous pourrez au besoin leur proposer des traités spéciaux à ce sujet, et leur demander en même temps des prix réduits pour le transport des préposés et gardiens, autres que les gendarmes, voyageant seuls pour le service.

5 mars 1859. — Circulaire du Ministre de l'intérieur *contenant instruction pour l'envoi des comptes administratifs des asiles d'aliénés.*

Monsieur le Préfet, le compte administratif de l'asile public d'aliénés de votre département (exercice 1858) devra me parvenir *dans le courant du mois de juin, au plus tard.*

La circulaire autographiée du 25 mai 1858 vous a indiqué les nouvelles justifications à fournir. Pour donner à ces documents un caractère d'uniformité qui leur a manqué jusqu'à ce jour, et pouvoir établir une comparaison entre les résultats obtenus dans chaque asile, j'ai fait dresser et je vous envoie des modèles auxquels le directeur devra se conformer.

Les dispositions de l'arrêté du 20 mars 1857 ayant été appliquées à partir du 1er janvier 1858, dans la plupart des établissements publics d'aliénés, il conviendra de faire ressortir, dès cette année, le résultat économique de la mesure, en ce qui touche principalement l'organisation du personnel de santé, le régime alimentaire, la rémunération du travail, le tabac, etc.

Le compte moral et le rapport du médecin devront consacrer à cette appréciation un chapitre spécial. Je désire aussi y trouver l'exposé des améliorations ou innovations les plus récemment introduites dans les services généraux (procédés mécaniques, hygiéniques ou économiques).

J'ajoute que le compte financier doit seul être produit en double expédition, portant chacune votre visa.

COMPTES ADMINISTRATIFS DES ASILES PUBLICS D'ALIÉNÉS.

Documents à produire.

1° Compte administratif (*modèle n° 143 de l'instruction générale des finances, deux expéditions visées par le préfet*).

2° État de situation des recettes et des dépenses (*modèle n°* 144).

3° État des restes à recouvrer.

État des restes à payer (*modèles* 141 *et* 142).

4° Compte moral.

5° Rapport médical.

6° Délibération de la commission de surveillance.

7° État détaillé des revenus et des consommations en nature.

8° Tarifs des pensions.

9° Contingent proportionnel des départements, des communes, des hospices et des familles.

10° Tableau du personnel.

11° Débet des frais de sépulture.

12° Situation financière en fin d'exercice.

---

15 janvier 1860. — Circulaire du Ministre de l'intérieur *portant institution de commissions de surveillance auprès des asiles privés faisant fonctions d'asiles publics.*

Monsieur le Préfet, la loi du 30 juin 1838 ne reconnaît que deux natures d'établissements aptes à recevoir et à soigner les aliénés : des asiles publics et des asiles privés. L'ordonnance du 18 décembre 1839 a déterminé le mode d'administration de chacun d'eux : les premiers sont administrés sous l'autorité du ministre et des préfets, et sous la surveillance de commissions gratuites, par un directeur responsable ; à la tête des seconds est placé un chef d'établissement, soumis à la surveillance de l'autorité publique.

Tant qu'il s'agit d'asiles privés proprement dits, c'est-à-dire de *maisons de santé,* les principes posés par la loi et l'ordonnance ne sauraient recevoir d'extension. Mais lorsque, modifiant leur caractère propre, les asiles privés s'engagent, moyennant un prix de journée, à traiter avec les départements pour l'entretien des aliénés indigents, il existe entre eux et les asiles publics une assimilation en vertu de laquelle certaines conditions peuvent et doivent même leur être imposées.

Déjà ces établissements sont tenus de produire des règlements de service intérieur conformes, au moins dans leurs dispositions les plus essentielles, à ceux des asiles publics. (Loi de 1838. — Ordonnance de 1839. — Arrêté et instruction du 20 mars 1857.) D'autres obligations, qui chaque jour deviennent plus urgentes au point de vue de l'intérêt des malades, leur incombent également.

Les asiles publics, bien qu'ils soient administrés sous l'autorité directe du ministre et des préfets, ont été placés par le législateur sous la surveillance d'une commission permanente. Cette garantie est bien plus nécessaire encore lorsqu'il s'agit d'asiles privés faisant fonctions d'asiles publics, c'est-à-dire d'entreprises particulières qui ont intérêt à attirer à elles le plus grand nombre possible de pensionnaires des départements.

A l'appui de cette opinion et comme précédent significatif, je citerai la décision déjà ancienne qui a institué près l'asile privé de Clermont (Oise) une commission dont les attributions sont à peu près les mêmes que celles des commissions de surveillance des asiles publics, et qui fonctionne avec la même régularité.

J'ai résolu de généraliser cette institution, de la constituer à titre permanent dans tous les établissements privés, et de n'autoriser qu'à cette condition le renouvellement des traités départementaux.

Il serait superflu d'ajouter que la mesure ne saurait porter aucune atteinte à des droits légitimes. Les attributions des commissions de surveillance seront nécessairement circonscrites, et, pour éviter toute difficulté d'exécution, j'ai voulu déterminer moi-même les limites dans lesquelles elles devront s'exercer.

Les commissions seront nommées et renouvelées dans les formes prescrites par l'ordonnance de 1839 (titre Ier, art. 2); elles se réuniront tous les mois, et seront, en outre, convoquées par les préfets ou les sous-préfets toutes les fois que les besoins du service l'exigeront; mais elles ne pourront ni user des prérogatives que l'article 31 de la loi de 1838 a conférées aux commissions des établissements publics en ce qui concerne l'administration provisoire des biens des aliénés non interdits, ni être appelées, en conformité de l'article 4 de la même ordonnance, à donner leur avis sur les budgets et les comptes, les actes relatifs à l'administration, etc.

Leurs attributions ne seront pas étendues au delà des droits de surveillance et de contrôle qui appartiennent à l'autorité publique.

L'indépendance absolue que réclament leurs délibérations, pouvant être gênée par la présence du directeur et du médecin, ces derniers n'auront pas droit d'assister aux séances; c'est aux commissions qu'il appartiendra de les convoquer lorsqu'elles le jugeront nécessaire.

Tels sont les principes généraux que j'ai cru devoir adopter.

Je me réserve d'introduire dans les règlements intérieurs des asiles privés faisant fonctions d'asiles publics, lors du renouvellement des traités, les dispositions propres à garantir, dans ces conditions, l'action des commissions de surveillance.

Ces dispositions empruntées en partie aux règlements intérieurs des asiles publics, vous permettront, conformément aux prescriptions formelles de la loi, de surveiller efficacement, tout en respectant les droits des administrateurs, un service qui mérite au plus haut degré votre sollicitude.

Veuillez communiquer la présente circulaire aux directeurs des asiles privés de votre département et m'en accuser réception.

---

5 janvier 1861. — Circulaire du Ministre de l'intérieur *relative à l'évaluation des avantages en nature attribués aux employés des asiles d'aliénés.*

Monsieur le Préfet, les propositions qui m'ont été adressées dans le but d'admettre les agents et employés d'asiles d'aliénés aux charges et aux bénéfices des caisses départementales de retraites, m'ont donné l'occasion de remarquer que l'évaluation des avantages en nature, attribués à ces employés, et qui viennent s'ajouter à leur traitement fixe pour accroître le chiffre de leurs pensions, n'est soumise à aucune règle et varie suivant les départements.

Il importe de mettre un terme à cet état de choses qui est contraire à l'équité et peut donner naissance à des abus.

J'ai décidé, à cet effet, que les avantages en nature, sur lesquels devra être prélevée la retenue au profit de la caisse des retraites, seront désormais évalués de la manière suivante :

1° Pour la nourriture, 500 fr.

2° Pour le logement et tous autres avantages, le dixième du traitement fixe.

Ces propositions ont été, depuis longtemps, adoptées pour l'administration de l'assistance publique à Paris, et me paraissent convenables.

Vous aurez désormais à établir sur ces bases les mandats afférents aux retenues à subir par les employés et agents de l'asile de   pour le compte de la caisse des retraites.

6 juin 1863. — Décret *portant fixation du cadre et des traitements des directeurs et des médecins des asiles publics d'aliénés.*

Napoléon, etc.,

Sur le rapport de notre Ministre secrétaire d'État au département de l'intérieur :

Vu la loi du 30 juin 1838, l'ordonnance du 18 décembre 1839 et nos décrets des 24 mars 1858 et 28 avril 1860, sur le service des aliénés,

Avons décrété et décrétons ce qui suit :

Art. 1er. — Le cadre des directeurs et des médecins des asiles publics d'aliénés est fixé ainsi qu'il suit :

Directeurs et directeurs-médecins.	1re classe.	6
	2e classe.	10
	3e classe.	12
	4e classe.	12
	5e classe.	nombre illimité.
Médecins en chef.	1re classe.	2
	2e classe.	3
	3e classe.	4
	4e classe.	6
	5e classe.	nombre illimité.
Médecins adjoints	1re classe.	4
	2e classe.	6
	3e classe.	nombre illimité.

Art. 2. — Les traitements correspondant auxdites classes sont réglés comme ci-dessous :

Directeurs, directeurs-médecins et médecins en chef.	1re classe.	7,000 fr.
	2e classe.	6,000
	3e classe.	5,000
	4e classe	4,000
	5e classe.	3,000
Médecins adjoints.	1re classe.	2,600
	2e classe.	2,100
	3e classe, ...	1,800

Art. 3. — Le classement et l'avancement des titulaires des emplois susmentionnés ont lieu en vertu d'arrêtés de notre Ministre de l'intérieur.

Art. 4. — Ne peuvent être portés à une classe supérieure que les directeurs et les médecins en chef qui comptent trois ans au moins d'exercice dans la classe précédente.

Cette disposition n'est pas applicable au directeur ou au médecin en chef qui, dans le cas prévu par l'ordonnance du 18 décembre 1839 (art. 137), serait chargé, par suite de suppression d'emploi, de la direction du service administratif et du service médical.

Art. 5. — Pour être promus à une classe supérieure, les médecins adjoints devront compter deux ans au moins d'exercice dans la classe précédente.

Art. 6 — Nos décrets susvisés des 24 mars 1858 et 28 avril 1860 sont et demeurent rapportés.

Art. 7. — Notre Ministre secrétaire d'État au département de l'intérieur est chargé de l'exécution du présent décret, qui sera inséré au *Bulletin des lois*.

---

16 août 1874. — Décret *portant règlement d'administration publique sur le service des aliénés du département de la Seine.*

Le Président de la République,

Sur le rapport du Ministre de l'intérieur;

Vu la loi du 30 juin 1838, l'ordonnance du 18 décembre 1839 et le décret du 6 juin 1863, sur le service des aliénés;

Vu l'arrêté ministériel du 20 mars 1857, sur le service intérieur des asiles publics, et le décret du 31 mai 1862, sur la comptabilité publique;

Vu la loi du 9 mai 1863, portant création de ressources affectées à la construction d'asiles d'aliénés pour le département de la Seine, les décrets des 30 juillet et 3 octobre de la même année, qui ont déclaré d'utilité publique la fondation d'un asile clinique à Paris, et la construction de deux asiles ruraux sur les domaines de Ville-Évrard et de Vaucluse, département de Seine-et-Oise;

Vu la loi du 18 juillet 1866;

Vu les rapports du préfet de la Seine et du préfet de police;

Les observations du Garde des sceaux, Ministre de la justice, et celles de la Cour des comptes;

Le Conseil d'État entendu,

Décrète :

Art. 1er. — Les asiles publics d'aliénés de Vaucluse et de Ville-Évrard, fondés par le département de la Seine dans les arrondissements de Corbeil et de Pontoise (Seine-et-Oise), sont et demeureront placés sous la juridiction et sous la surveillance du préfet de police, au même titre que les autres établissements spéciaux, publics ou privés, situés dans ledit département de la Seine.

Art. 2. — Le préfet de police remplira, à l'égard de ces établissements et des individus qui y seront placés, toutes les obligations prescrites par la loi du 30 juin 1838, et notamment aux articles 4, 8, 10, 11, 12, 14, 15, 16, 18, 20, 21, 22, 23, 29, 30 et 41.

Art. 3. — Au point de vue administratif et financier, les asiles de Vaucluse et de Ville-Évrard relèvent du préfet de la Seine.

Conformément aux dispositions de la loi du 18 décembre 1839, ils sont gérés, ainsi que l'asile Sainte-Anne, à Paris, par un directeur responsable assisté d'une commission de surveillance.

Les services financiers sont confiés à des comptables spéciaux.

Art. 4. — Exceptionnellement, et à raison de la situation extra-départementale des deux établissements ruraux, une seule commission exercera, pour les trois asiles départementaux de Sainte-Anne, Ville-Évrard et Vaucluse, les attributions déterminées par la loi du 30 juin 1838 et par l'ordonnance du 18 décembre 1839.

Cette commission sera composée de onze membres.

Art. 5. — Les budgets et les comptes annuels de chaque asile seront soumis à l'approbation du conseil général.

Art. 6. — Le Garde des sceaux, Ministre de la justice, et le Ministre de l'intérieur sont chargés, chacun en ce qui le concerne, de l'exécution du présent décret.

---

4 février 1875. — Décret *relatif aux cadres des directeurs et des médecins.*

Le Président de la République française,

Sur le rapport du Ministre de l'intérieur;

Vu la loi du 30 juin 1838 sur les aliénés, l'ordonnance du 18 décembre 1839 portant règlement des asiles publics et privés et le décret du 6 juin 1863 sur le classement du personnel administratif et médical des asiles publics,

Décrète :

Art. 1er. — Les dispositions des articles 1 et 2 du décret susvisé du 6 juin 1863, concernant la fixation des cadres et des traitements des directeurs, des médecins en chef et des médecins adjoints, sont modifiées ainsi qu'il suit :

1° Directeurs et directeurs médecins :

Cadres.		Traitements.
Classe exceptionnelle . . .	5	8,000 fr.
1re classe.	8	7,000
2e classe.	10	6,000
3e classe.	12	5,000
4e classe.	12	4,000
5e classe.	nombre illimité	3,000

2° Médecins en chef :

Cadres.		Traitements.
Classe exceptionnelle . . .	4	8,000 fr.
1re classe.	4	7,000
2e classe.	4	6,000
3e classe.	6	5,000
4e classe.	6	4,000
5e classe.	nombre illimité	3,000

3° Médecins adjoints :

Classe exceptionnelle . . .	2	4,000 fr.
1re classe.	4	3,000
2e classe.	6	2,500
3e classe.	nombre illimité	2,000

ART. 2. — Sont maintenues les autres dispositions du décret du 6 juin 1863.

ART. 3. — Le Ministre de l'intérieur est chargé de l'exécution du présent décret, qui sera inséré au *Bulletin des lois.*

---

28 juillet 1879. — Décret *relatif à la fixation du nombre des membres des commissions de surveillance des asiles publics d'aliénés.*

LE PRÉSIDENT DE LA RÉPUBLIQUE FRANÇAISE,

Sur le rapport du Ministre de l'intérieur et des cultes ;

Vu la loi du 30 juin 1838 et l'ordonnance du 18 décembre 1839, sur le service des aliénés ;

Vu notamment l'article 31 de la loi et l'article 2, paragraphe 1er, de l'ordonnance précitée ;

Le Conseil d'État entendu ;

Décrète :

ART. 1er. — Le nombre des membres des commissions de surveillance des asiles publics d'aliénés, fixé à 5 par l'article 2, paragraphe 1er, de l'ordonnance du 18 décembre 1839, pourra, lorsque les circonstances l'exigeront, être porté à sept, par un décret rendu sur la proposition du Ministre de l'intérieur.

Dans ce cas, le renouvellement des membres aura lieu chaque année par septième.

Art. 2. — Lorsque, à raison des intérêts communs à deux ou plusieurs asiles publics d'aliénés, une seule commission sera appelée à exercer les attributions déterminées par la loi du 30 juin 1838 et l'ordonnance du 18 décembre 1839, un décret, rendu sur la proposition du Ministre de l'intérieur, pourra porter à neuf ou onze le nombre des membres de la commission.

Art. 3. — Le Ministre de l'intérieur et des cultes est chargé de l'exécution du présent décret.

TABLE DES MATIÈRES

Nancy, imprimerie Berger-Levrault et Cie.

www.ingramcontent.com/pod-product-compliance
Lightning Source LLC
Chambersburg PA
CBHW070259200326
41518CB00010B/1839

* 9 7 8 2 0 1 2 6 9 1 2 7 8 *